건축이
건네는
말

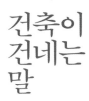

건축이
건네는
말

최준석
지음

아트북스

몇 해 전 모 기자와 인터뷰를 하다가 이런 질문을 받았다.

"…… 근데 책을 왜 쓰세요?"

질문이 조금 이상해서 되물었다.

"왜 쓰다니요. 무슨 말씀이신지?"

"아, 직업이 있으시잖아요. 건축사. 그런데 왜 이런 책을 쓰시는지 궁금해서요."

책의 서문을 쓰려고 자리에 앉으니 문득 그때 생각이 난다. '이런 책'이란 어떤 책일까, 나는 왜 '이런 책'을 쓰고 있는 걸까. 그때나 지금이나 여전히 스스로 똑부러지는 답은 얻지 못한 것 같다. 그런데 한편으론 '이런 생각'도 든다. 만족할만한 답을 얻지 못했기 때문에 여전히 쓰고 있는 건 아닐까?

솔직히 말하자면 도면을 그리다가 현장을 나가고 사람을 만나고 일을 논의하고, 그러다가 이유 없이 답답해지거나 하는 일이 새삼 생경하게 느껴지거나 뭔가 마뜩치 않은 마음이 들 때 조금 다른 이야기를 해볼 요량으로 나는 글을 쓴다. 그리고 시간이 흘러 그 글들이 모이면 한 권의 책이 되는 것이다. 책을 쓴다기보다는 하루하루의 삶을 그런 식으로 기록하다 보니 책이 되었다는 게 더 정확할 것 같다. 그렇게 지난 6년간 세 권의 책을 썼고, 이제 네 번째 책이 나오게 되었다.

기자가 말한 '이런 책'은 아마도 쉽거나, 만만한 책, 왠지 전문가가 쓴 것은 아닌 것 같거나, 결과적으로 설계가 직업인 건축사에게 별 도움이 안 될 만한 것으로 보인다는 의미였던 것 같다. 그리고 그때 내가 얼른 답을 하지 못한 것도 어찌 보면 나 역시 그 생각에 다른 말을 덧붙이기 어려워서였던 게 아닐까.

6년 전 출간되었다가 서서히 잊힌 책을 아트북스에서 재출간 하자고 권유하지 않았다면 아마 '이런 책'을 또 쓸 생각은 하지 못했을 것 같다. 하지만 책은 살아 있는 생명처럼 나름의 인연을 타고나는 법이다. 이 책도 그런 인연을 만나 씩씩하게 새 옷을 갈아입고 또다시 독자들과 만날 순간을 기다리게 되었다. 아트북스에 심심한 감사를 드린다.

큰딸 서연이가 세상에 나오던 해에 책의 초고를 개인 블로그에 올리기 시작한 것이 시작이었다. 그때가 2008년경이니 햇수로 거의 9년이 되었다. 그 후 2년이 지나고 2010년 초에 『어떤 건축』이라는 이름으로 출간의 기쁨을 맛봤다. 그때의 원고를 다시 읽어가며 수정 보완하는 작업은 생각보다 힘들었다. 개정판이니 기존 원고 중에서 마음에 들지 않은 구절이나 부족한 설명을 조금 보완하면 되지 않을까 쉽게 생각했었다. 하지만 착각이었다. 어떤 유명작가의 개정판 서문에 전날 밤 술 한잔 먹고 쓴 원고를 아침에 다시 보는 기분이라는 표현이 있었는데, 딱 그 심정이었다. 6년이라는 시간 동안 나는 30대에서 40대가 되었고, 어투와 인상이 변했으며 관점도 변했다. 내가 모르고 살았을 뿐 지나간 과거에 묻혀 있던 글은 나의 생각이 그간 얼마나 변했는지 제대로 일깨워줬다.

오래전 쓴 원고를 다시 뜯어 고치는 작업은 오래전 지어진 집을 증·개축 하는 것과 닮았다. 필요한 부분은 살리고 부족한 부분은 보강하고 덜어낼 부분은 과감히 덜어내고 추가되어야 할 부분은 조심스레 추가시켜나갔다. 원고를 원점에서 수정 보완하면서 몇몇 꼭지들은 전체적인 글 분위기나 내용, 생각과 메시지가 상당 부분 달라지기도 했다. 하지만 가급적 부끄럽더라도 전날 밤 술 먹고 쓴 글 같은 예전 느낌을 최대한 유지하려고 했다. 그런 느낌이 이 책을 설명하는 '이런 부분'일거라고 믿었기 때문이다.

이 책은 우리가 일상 속에서 늘 만나는 건축을 미술이나 조각, 소설이나 영화처럼 흥미롭게 즐길 수 있는 대상으로 바라보게 할 목적으로 썼다. 요리로 치면 에피타이저다. 책을 좋아하는 일반 독자나 건축에 관한 쉬운 읽을거리를 찾는 학생들, 집을 짓기 위해 설계과정에 앞서 건축이 뭔지 부담스러워하는 예비 건축주들이라면 조금 흥미롭게 책을 접할 수 있을 것 같다. 전문적인 주제를 깊게 연구하거나 설명하려는 목적으로 쓴 책이 아니므로 분석이나 고찰 보다는 직관적으로 느껴지는 건축물 각각의 인상, 관찰, 상상의 내용을 가벼운 읽을거리의 틀 속에서 편안하게 전달하고 싶었다.

건축을 보는 나만의 눈 갖기! 책을 통해 독자들이 건축에 대한 조금 다른 관점을 갖게 된다면 더 바랄게 없을 것 같다. 건축은 삶을 구성하는 가장 기본적인 조건이고 일상 속에서 다양한 모습으로 우리의 삶에 크고 작은 영향을 준다. 우리 주변에 빼곡히 들어찬 건물 하나하나에 얼마나 많은 생각과 다양한 상상과 사연이 있는지, 건축을 친구처럼 느끼고 싶은 분들께 부족하나마 작고 만만한 책 한 권을 드린다.

2016년 가을

최준석

3부 도시의 삶, 도시의 건축

1부

건축의
기억

지난 시간을 살려내는 것
선유도 공원

무슨 물품이나 쓰지 못하게 된 것을 흔히 골동품이라 한다. 이런
말은 물품에뿐 아니라 사람에게도 쓴다. 현대와 원거리의 사람, 그
의 고졸古拙한 티를 사람들은 골동품이라 농한다. 골동이란 말은
마치 무용, 무가치의 대용어같이 쓰인다.

_이태준, 『무서록』(범우사, 1999)

월북 소설가 이태준1904~?은 더이상 못 쓸 만큼 낡고 해져서 원래
의 가치를 제대로 발휘하지 못하는 것을 골동품骨董品이라 했다.
하지만 오래되었다 해서 아무짝에도 쓸모없다고 단정 짓기는 이
르다. 무용無用과 무가치라 낙인찍힌 것들을 유심히 살피며 새로
운 가치를 찾아내려는 사람들도 오래전부터 있어왔으니 말이다.
이들은 자신이 살아온 세월보다 더 긴 시간을 견뎌온 존재를 존
중할 줄 알며 낡은 것의 그윽한 맛을 즐기는 이들이다. 오래 묵은

기좌이몽이도

장맛의 진정성을 아는 사람들이다.

기좌이몽이도喜左衛門井戶라는 어려운 이름의 도자기가 있다. 우리나라에서 한낱 제기祭器에 불과했던 진주 멧사발이 일본에 건너가 국보가 되었다. 이 생소한 이름을 종로 어딘가의 골동품 가게에서 들은 적이 있다. 가게 주인은 이 사발 형태의 일본식 명칭이 이도다완井戶茶碗인데, 일본인 관광객에게 인기가 대단하다고 했다. 원래 이 자기는 서민들의 생활용품으로, 밥그릇이나 국그릇으로 쓰던 거칠고 투박한 잡기였다. 하지만 무심무작無心無作의 선禪사상을 따르는 일본인들은 이 자기의 자연스러움에 매료되었다. 그리고 그들의 차와 조선의 사발을 접목해 다도문화를 발전시켰다. 선사상을 통해 추구하고 그럼으로써 위안 받았던 무작위의 아름다움을 조선의 자기를 통해 완성하려 한 것이다.

일본은 임진왜란을 '찻사발 전쟁'이라고 부른다. 여기에는 도요토미 히데요시가 조선의 도자기를 탐내서 일으킨 전쟁이라는 의미가 내포되어 있다. 자신의 백성을 전쟁으로 내몰아서라도 그는 조선의 도자기를 갖고 싶었던 걸까? 그 도자기를 밥그릇이나 국그릇쯤으로 여기는 대한민국의 현재를 본다면 전쟁을 일으킨 당사자와 그의 백성들은 무슨 생각을 할지 궁금하다.

누군가가 그토록 원했던 도자기를 막사발 취급하며 가치를 존중하지 않는 의식의 바탕에는 현대 문명과 동떨어진 낡은 물건일 뿐이라는 생각이 깔려 있다. 일본인들은 자신들의 국보와 동일한 원류로 짐작되는 조선의 사발에 대해 '무작위의 예술'이니

'꾸미지 않은 절대미학'이니 하는 찬사를 늘어놓는다. 그렇다면 우리에게 가치 없는 물건이 되어버린 지 오래인 사발이 어째서 이들에겐 예술품이 되는 걸까?

우리 주변은 늘 골동품으로 넘쳐난다. 쓸모없다고 버려진 멀쩡한 골동품들을 너무 쉽게 만날 수 있다. 상황이 이렇다 보니 사람도 예외가 아니다. 아직 충분히 쓸모 있는 사람들도 골동품 취급을 받으며 사회로부터 버림받는다. 억울하다면 스스로 쓸모 있음을 증명하는 수밖에 없다. 낡은 옷을 벗고 새 옷으로 갈아입듯이 늙고 시든 몸을 생생한 새 몸으로 갈아입을 수 있다면 아마 누구라도 그리 할 것이다. 하지만 우리 몸은 골동품이 되어도 버릴 수가 없다. 그저 보듬고 다독이며 할 일을 찾고 자신의 쓸모를 스스로 만들며 살아가는 게 최선의 삶이다. 아무리 새것에 집착하는 시대라 한들 나이 들고 늙어가는 자연의 순리를 따르지 않을 도리는 없는 것이다.

살아온 세월을 묵묵히 받아들인 흔적들이 몸 구석구석에서 자연스레 묻어나고 그런 순리적 늙음을 존중하는 사회가 되면 좋겠다. 흉하다고 급히 치우지 않고 새것으로 바꾸지도 않는, 조금 더 지니고 있을 여유를 갖고 싶다. 그러려면 당장의 퀴퀴한 맛을 견딜 수 있어야 할 텐데 그게 말처럼 쉽지는 않으니 참 문제다.

건축가 조성룡과 조경가 정영선의 합작으로 설계된 선유도공원(2002), 이곳의 과거 명칭은 '정수장'이다. 1978년부터 정수장으로 사용되었다. 조금만 둘러보면 이곳이 재활용 공원임을 금세

과거 정수장의 흔적을 지니고 있는 선유도 공원.

알 수 있다. 대개 이런 경우에는 먼저 있던 시설을 말끔히 밀어버리고 깨끗이 터를 닦은 다음 새로운 건축물을 세우는 것이 우리 시대의 일상적 풍경이었다. 눈에 거슬리는 낡은 것을 빨리 폐기하고 새로운 무언가를 채워넣는 것만이 미래의 풍요를 보장한다는 믿음 때문이다.

하지만 선유도 공원은 새것에 대한 강박증을 버리고 골동품을 존중하는 방식을 택했다. 그것은 콘크리트 폐허 속에 자연을 방치하여 그 둘이 공생하게 하는 개념이었다. 공원의 콘크리트 폐허 벽면과 기둥 곳곳에는 무성한 담쟁이덩굴과 갖가지 나무줄기들이 자리 잡았다. 여기저기 흉물스럽게 갈라진 옛 정수장 구조체 틈새의 비좁은 공간은 식물들이 촘촘히 메우고 있다. 폐허와 자연의 공존……. 이 낯선 풍경은 어쩐지 아주 먼 미래, 인간이 사라진 도시의 콘크리트 더미가 스스로 자연화되는 SF영화의 한 장면처럼 느껴지기도 한다. 그래서일까. 공원을 산책하다 보면 우리의 평범한 사발 하나를 두고 예술이라 찬사를 보냈던 일본인들의 마음을 조금은 이해할 수 있을 것도 같다.

선유도 공원에는 과거의 흔적이 고스란히 남아 있다. 오래전 급격한 도시화의 요구에 맞추어 지어졌을 정수장의 콘크리트 더미를 보고 있으면 1970년대 어느 날의 생생한 단면이 느껴진다. 한때 정수장 침전시설이었던 장소에는 당시 건물을 지탱했던 기둥과 수로가 그대로 남아 있다. 하지만 풍경은 달라졌다. 지금은 대나무, 고사리, 자작나무와 같은 식물들이 가득하다. 그뿐인가.

옥잠, 갈대 창포 등의 습지식물들도 저마다 한 자리씩 차지하고 있다. 그 옛날 신선이 놀았다던 전설에 비하면 턱없이 모자란 풍경이겠지만 풍류 깨나 즐겼을 선조들이 보기에도 그리 볼품없는 모습은 아닐 듯하다.

오래전 이곳에는 선유봉仙遊峰이라 불리던 작은 돌산이 있었다. 250여 년 전 겸재 정선1676~1759이 그렸던 그림 속에서 만나볼 수 있다. 그의 진경산수화 연작 '한양 진경' 중 「선유봉」(영조 18년, 1742)이라는 그림이 있다. 그림 속 선유도는 한강변 남쪽의 작은 봉우리로 당시 30여 가구가 경작을 하며 사는 터였다. 선유仙遊란 신선이 논다는 의미인데 말 그대로 당시 풍류가객들의 놀이터로 삼았다면 딱 좋았을 풍경이다. 그림에 담기기 이전 수천 년 내내 아마 같은 모습이었으리라. 선유봉 주변을 흐르는 부드러운 한강의 곡선은 복잡한 세상만사를 너끈히 품어줄 만한 여유로움을 담고 있다.

선유봉이 기구한 운명으로 빠져든 건 일제강점기에 접어들면서다. 1925년 을축년 대홍수 당시 일제의 한강개수사업으로 주민이 강제 이주되고 제방을 쌓기 위한 채굴이 시작되었다. 이후 1935년 여의도 비행장으로 가는 도로 신설을 위해 봉우리의 잔재가 멸실되었고, 1962년 제2한강교(양화대교) 착공과 1965년 개통을 거치면서 그나마 육지로 남아 있던 땅은 모래사장이 되어버렸다. 이어 1968년 본격적인 한강 개발 사업이 시작되었고 공유수면매립 과정을 통해 구불구불한 사행천이었던 한강이 일정한

정선, 「선유봉」, 비단에 담채, 33.3×24.7cm, 1742년, 개인 소장.

수심과 반듯한 방향성을 갖는 광폭의 물길로 재조정되었다. 선유봉의 남은 흔적들은 그때 육지와 완전히 분리되면서 섬이 되고 말았다. 버려져 있던 섬에 정수장이 들어선 건 1978년이다. 정수장은 이후 22년간 서울 서남부 지역에 수돗물을 공급하다가 폐쇄되었다.

2002년 4월 정수장을 리모델링한 선유도 공원이 완공되었다. 신속한 변모가 가능했던 이유는 기존 정수장의 건물 잔재를 그대로 둔 채 필요한 만큼만 덜어내고 수생식물 중심의 생태 환경 이식에만 중점을 두었기 때문이다. 수조로 사용되던 구조체 상판을 열어 테마정원을 만들고 낡은 기둥에 담쟁이를 둘러 계절마다 변화하는 사색의 공간을 마련했다. 콘크리트 폐허 사이에는 작은 생태계를 조직적으로 이식함으로써 과거와 현재 시간의 공존을 꾀했다.

선유도 공원은 오랜 시간을 견디며 생긴 상처와 흔적을 온전히 간직하고 있다. 은은한 골동품의 자연스럽고 진한 풍미를 이해하는 이들에겐 아마도 선물 같은 사랑스러운 공간이 아닐까. 몸이 세월을 느끼고 세월을 살아가고 세월의 흔적을 새기는 것처럼, 하나의 장소도 세월을 느끼고 세월을 살아가고 세월의 흔적을 새긴다. 낡은 장소를 되살리는 일은 낡은 몸을 되살리는 일과도 같다. 새것은 흉내낼 수 없는 낡은 것의 '멋'이 우리 주변에 꽤 많이 있다. 그 멋은 우리에게 과시와 자랑보다는 겸손과 성찰을 요구한다. 나이테처럼 켜켜이 쌓인 세월의 맛을 신중히 바라보고

오래된 건물에 새로운 기억을 덧입혀주는 듯한 식물들.

조심히 다루어 미래 세대에 은은한 향을 전할 유산이 될 수 있도록 정성을 들여야 할 일이다.

골목의 기억
쌈지길

한 번도 가본 적 없는 낯선 길이었다. 하지만 왠지 모르게 익숙한 풍경이었다. 그때가 언제였는지 기억나지 않는다. 골목 길모퉁이 전봇대에서 아이들이 말뚝박기를 하고 있었고, 옆 담벼락엔 '소변 금지'라고 크게 쓰인 낙서가 보였다. 아이들 근처를 뱅뱅 돌던 강아지 한 마리가 갑자기 종종걸음을 치며 골목을 가로질러 달렸다. 흰 수염이 근사한 동네 할아버지는 조심스레 지팡이를 짚으며 한가로운 걸음을 옮기고 있었다. 서쪽 하늘의 뭉게구름이 떨어지는 해와 겹쳐 붉은 빛으로 물들며 저녁을 앞당기던 무렵이었다. 한낮 볕에 바짝 말라버린 고추를 주섬주섬 걷던 아주머니는 허리를 펴며 골목 끝에 선 나를 물끄러미 바라보았다.

스무 살의 어느 날, 내 두 눈은 시리게 청아한 먹색의 골목 길을 탐하고 있었다. 시인 로버트 프로스트의 말처럼 오랫동안 서서 길이 굽어 꺾어진 곳까지 멀리 바라보고 있었다. 평생 걸어

인사동은 늘 옛 기억을 떠올리게 한다.

가야 할 길을 운명적으로 만난 것 같은 느낌이었다. 그때 내 과거의 어린 날, 깊은 곳에서 잠들어 있던 빛바랜 풍경들이 망각의 장막을 헤치며 차례로 떠올랐다. 처음엔 텅 비워진 좁은 길 하나가 나타났고, 곧 그 길 위에 홀로 서 있는 어릴 적 내가 보였다. 이어서 아이들과 함께했던 저녁 무렵의 풍경과 낯익은 담벼락과 동네 할아버지와 강아지의 모습이 차례대로 눈앞에 펼쳐졌다. 아마도 이 길은 밟고 지나간 모든 이들의 소중한 추억을 바닥 곳곳에 쌓아놓았을 것이다.

> 그리고 똑같이 아름다운 다른 길을 택했습니다. 그 길에는 풀이 더 있고 사람이 걸은 자취가 적어 아마 더 걸어야 될 길이라고 나는 생각했던 게지요. 그 길을 걸으므로, 그 길도 거의 같아질 것이지만.
>
> _로버트 프로스트

인사동 길은 비 오는 날이 멋지다. 먹빛 판돌 위에 빗물이 툭툭 떨어지는 모습은 언제나 박력 있다. 먼지가 뽀얗게 앉은 돌길 표면에 빗줄기가 떨어지는 순간 물방울들은 막 발아를 시작한 꽃밭처럼 둥글게 퍼지며 후드득 터져버린다.

인사동 길을 심심하게 바라보며 따스한 생강차 한잔으로 몸을 녹이던 그 계절이 언제였나. 초가을 꽁무니를 따라왔던 태풍이 막 지나가고 하늘이 유난히 높던 10월의 어느 날이었다. 구름 하나 없이 청명한 하늘에 안심하고 설렁거리며 골목을 걷던 나는 뜬금없는 소나기를 만나 헐레벌떡 근처 찻집에 들어섰다. 실내는 어두웠지만 포근했다. 마침 은은한 해금 소리가 공간의 바닥을 느리게 휘젓는 중이었다. 나는 달뜬 숨을 고르며 소나기에 위축된 마음에 차의 온기를 덮어 한기를 달랬다. 2층 창밖으로 보이는 길 풍경이 더 고즈넉하게 느껴졌다. 스무 살이 되던 그 가을날 오후, 나는 인사동 길과 처음 만났다. 목적 없이 그 길을 걸었고 우연처럼 소나기를 맞았고 첫 미팅에 퇴짜 맞은 사람마냥 얼결에 찻집에 들어와 비 내리는 창밖 골목길을 찬찬히 들여다보고 있었다. 처음 만난 인사동 길은 살가운 담요 같았다. 왠지 모르게 포근했다. 비에 젖은 눅눅한 풍경도 마냥 좋았더랬다.

쌈지길(2004)은 예측할 수 없는 미래에 인사동 골목이 어떻게 살아남을 수 있을지 하나의 좋은 예시가 되는 건축적 실험이다. 쌈지길이 들어설 무렵 인사동은 오래전부터 터를 잡고 살던 영세한 작업실과 가게, 갤러리 들이 하나씩 밀려나고 거대 프랜차이즈 상점들이 하나둘 들어오면서 본래의 맛을 잃어가던 상태였다. 이런 변화 속에서 거미줄처럼 얽혀 있는 인사동의 골목길은 자본 논리에 의해 살아남는 것 자체가 어려운 상황에 몰렸다. 쌈지길은 오도 가도 못하는 상황에 처한 인사동의 골목길 풍경을 차곡차곡 접어 건축으로 재생시킨 결과물이다. 어딘지 옛 골목길과 닮은 발랄한 경사로는 길 옆으로 가게들을 이어주고 사람들은 그 길을 따라 걷는다. 쌈지길로 끌려 들어온 방문객들은 500미터에 이르는 새 골목길을 걷는 동안 열린 하늘을 향해 천천히

쌈지길은 오래된 골목이 살아남는 방식을 제시한 좋은 실험이다.

오르는 낯선 즐거움과 만난다. 낡고 좁은 도심 속의 골목길이 거대 도시에서 어떻게 살아남아야 하는지 건축물을 통해 보여준 것이다.

2000년, 인사동에서 불고기로 유명했던 한 식당에 불이 났다. 당시 잘나가던 기업의 오너가 이 일대 1,487제곱미터 대지를 구입했다. 그리고 새로운 공간을 조성하기로 결심한다. 그 공간이 '쌈지길'이다. 건축의 과정은 만만치 않았다. 역사보존지구와 관련한 각종 건축 규제가 발목을 잡았다. 지키라고 있는 규제를 무시할 순 없는 법. 건축가는 골치 아픈 요구사항과 지침을 역이용하는 아이디어를 낸다. 먼저 도로와 대지가 만나는 가로변에 상가를 설치하라는 지침과 원래 있던 상점 열두 개를 재현하라는 요구를 적극적으로 받아들여 쌈지길의 외관을 형성했다. 또한 전면 도로 중 198제곱미터를 인사동 거리에 기부하라는 지침에 따라 쌈지길의 출입 공간을 넉넉하게 조성했으며, 10퍼센트의 안마당을 마련하라는 요구 역시 적극적으로 받아들여 큼직한 내부 마당을 만들었다. 자연스럽게 가게와 길이 마당을 중심으로 휘감아 돌며 올라가는 새로운 골목길이 탄생한 것이다. 복잡한 설계 조건을 거꾸로 이용해 건물의 디자인과 기능을 해결한 셈이다.

쌈지길이 만들어낸 새 골목길은 옛 인사동의 추억을 느끼게 한다. 수백 년 세월을 담고 있는 본래의 인사동 골목과 새로운 상점들로 들어찬 현대의 인사동 거리가 쌈지길을 통해 하나로 합쳐지는 느낌이랄까. 그래서 쌈지길을 걷다 보면 건물이 아니라 인사

쌈지길의 골목과 너른 마당.

동의 어딘가를 걷는 기분이 든다. 쌈지길은 인사동 옛 골목에 대한 건축적 오마주다. 한편에선 꽹과리를 신명나게 쳐대고, 다른 한편에선 맛난 호떡을 사기 위한 긴 줄이 생긴다. 염치도 좋게 길바닥에 퍼질러 앉은 젊은이들과 갈 곳을 못 찾고 두리번거리는 외국인의 모습 또한 자연스럽다.

ㅁ자로 뱅글뱅글 접혀 올라간 길 위에서 우리 모두는 오래 전 이 장소를 거닐었던 누군가의 감성을 공유한다. 좋은 길은 시간이 한참 흘러도 언제든 즐겁게 들추어질 수 있다. 그때 또 누군가는 접혀진 길을 책장 넘기듯 하나씩 펼쳐 중요한 시간들을 더 듬어나갈 것이다. 그리고 자신이 살아보지 못했던 이야기 속 장소에 대해 상상할 것이다. 우리가 걸어가는 길들에 대해서, 포근하고 넉넉했던 한 장소에 대해서 상상할 것이다.

바다를 그리워하는 집
빌라 사부아

난 유리로 만든 배를 타고 낯선 바다를 떠도네. 거리에 흐르는 사람들 물결에 흘러가고 있네.

_동물원, 「유리로 만든 배」

그때 난 섬과 대륙을 잇는 좁은 바닷길을 건너는 중이었다. 높은 파도와 억센 바람의 공포를 이겨볼 요량으로 이어폰을 귀에 꽂고 음악을 들었다. 귀를 통해 흡수되는 음악은 한결 부드러웠다. 비록 낯선 바다를 떠도는 연약한 유리 배에 관한 노래였을지언정, 눈앞에서 요동치는 뱃머리와 물보라의 현실을 잠시 잊게 해주기엔 충분했다. 현실에 무감각해지자 비로소 여행하는 느낌이 들었다. 태양빛에 알알이 부서져 번쩍거리는 물방울들도, 꿈틀거리며 힘차게 배를 들어올리는 거친 파도도 더 이상 두렵지 않았다. 유리로 만든 그 배는 지친 나를 태우고 어디론가 훌쩍 떠나고 있었다.

귀스타브 카유보트, 「비 오는 파리」, 캔버스에 유채, 212.2×276.2cm, 1877년, 시카고 아트인스티튜트.

그날 밤, 긴 꿈을 꾸었다. 그곳은 어디선가 본 듯한 낯익은 거리였고 귀스타브 카유보트Gustave Caillebotte, 1848~1894의 「비 오는 파리」와 매우 흡사한 분위기였다. 멋스럽게 차려입은 연인이 거리를 걷고 있었다. 그들은 이야기를 나누는 중이었는데, 여자는 남자를 마르셀이라 불렀고, 남자는 여자를 시몬이라고 했다. 그들은 여행에 대한 이야기를 나누다가 잠시 전쟁에 대해 의견을 나누기도 했고, 삶에 대한, 사랑에 대한, 예술에 대한 대화를 차례로 이어갔다. 빗줄기가 점차 강해졌다. 마르셀과 시몬은 익숙한 걸음으로 골목을 돌더니 '플뢰르'라는 카페로 들어섰다. 두 사람을 따라 들어간 나는 그들의 대화를 엿들을 수 있는 자리를 골라 앉았다. 비 오는 한낮임에도 카페 안은 활력이 넘쳤다. 마치 다른 세상에 들어온 듯한 기묘한 느낌이었다.

보라, 저 운하에서

잠자는 배들을.

그들의 기질이야 떠도는 나그네.

세상의 끝에서

그들이 오는 것은

네 자잘한 욕망까지 채워주기 위해서지.

—저무는 태양이

보랏빛, 금빛으로

들판을 덮고, 운하를 덮고.

온 도시를 덮고,

세상은 잠든다.

따사로운 노을빛 속에서.

거기서는 모든 것이 질서와 아름다움.

사치와 고요. 그리고 쾌락일 뿐.

_ 샤를 보들레르. 「여행에의 초대」.
황현산 옮김(『파리의 우울』 수록. 문학동네. 2015)

더운 커피로 몸을 녹인 시몬이 보들레르의 시 「여행에의 초대」를 꺼내들고는 한 대목을 읽었다.

"마르셀, 그때는 그랬어요. 긴 여행이란 곧 거친 항해를 의미하던 시절이었죠. 하지만 보들레르는 알고 있었던 것 같아요. 배를 바라보며 상상할 때가, 그곳을 욕망할 때가, 미래의 꿈을 꿀 때가 더 깊은 여행이라는 것을 말이에요. 그는 여행 자체보다는 배를 사랑했고, 막 떠나려는 그 순간을 사랑했어요. 그렇지 않아요?"

그러자 마르셀은 궐련 하나를 입에 물고 불을 붙였다.

"난 당신과 내가 온전히 함께할 수 있는 지금이 좋아요. 어수선한 길거리를 피해 이곳에 들어온 모든 사람도 아마 비슷한 느낌일 거라고 생각해요. 오래전 보들레르가 배를 보며 설렜던 감정과도 비슷하지 않을까요?"

　1930년대를 코앞에 둔 파리는 한차례 큰 전쟁을 겪은 후 가까스로 아픔을 지워가는 중이었다. 하지만 한편에선 다시 새로운 전쟁의 기운이 서서히 싹트고 있었다. 사람들은 시대를 냉소했다. 욕망과 폭력이 세상을 어지럽히는 광경을 너무나 생생히 목격했고, 그 어느 때보다 현실 삶의 허무함을 통감했다. 이 시절 등장했던 대륙 간 비행기와 호화 선박, 자동차 등은 현실을 벗어나고 싶은 시대적 욕망이 반영된, 더할 나위 없는 선물이었다. 신기한 기계 위에 올라탄 도시인들은 너도나도 여행을 꿈꾸었다.

　"마르셀, 보들레르가 노래한 배에 대해서 어떻게 생각해요? 더 이상 우리 시대의 여행은 배를 타고 떠나는 항해로만 국한되지 않잖아요. 보들레르가 살던 시대에는 물론, 긴 여행이란 곧 항해(voyage)였지만 말이에요. 우린 편하게 의자에 앉아 하늘을 날 수도 있고, 스스로 핸들을 조작하면서 스페인으로 달려갈 수도 있어요. 그렇다면 우린 이전 시대보다 훨씬 광활한 여행을 즐길 수 있게 된 것 아닌가요?"

　마르셀은 사춘기 소녀처럼 들뜬 표정의 시몬을 다정하게 쳐다보면서 대답했다.

　"하지만 시몬, 앞으로의 시대는 보들레르가 경험한 여행, 아니 항해의 흥분을 느끼긴 힘든 시대가 될 것 같아요. 보들레르가 배에 대해 당신만큼 흥분하며 노래했을 그 순간의 황홀함, 과연 그게 어떠했을까 생각해보지만 사실 잘은 모르겠어요. 다만 그가 함께 먼 여행을 떠날 배를 연인을 보듯 사랑스럽게 여겼다는 것

르 코르뷔지에가 건축한 빌라 사부아의 전경.

은 알죠. 보들레르에게 배는 시몬 당신처럼 방랑자의 기질을 가진 사랑스런 연인이 아니었을까요? 보들레르는 그 배들이 작은 욕망까지도 채워준다고 말했어요. 그래서 난 당신과 함께하는 것만으로도 이미 여행을 하고 있는 기분이 들어요. 보들레르가 정박해 있는 배를 사랑스럽게 바라보면서 이미 그만의 여행을 했듯이 말이죠."

마르셀의 말처럼 기계문명이 발전해 편리하고 다양한 운송수단이 생긴다고 해서 여행의 지평이 넓어지는 건 아닐 것이다. 여행이란 차라리 보들레르가 노래했듯이 긴 항해를 목전에 두고 있는 정박된 배를 볼 때 최고조의 만족감을 선사한다. 이미 떠난 여행은 또다른 일상이 될 테니까.

"마르셀, 당신이 좋아할 만한 집을 본 적 있어요. 사촌 안과 지난 휴일에 교외로 소풍을 다녀왔거든요. 그 집은 뭐랄까? 금방이라도 먼 항해를 떠날 것 같은 그런 모습이었어요. 가느다란 기둥들이 들어올린 편평한 사각의 흰 덩어리는 공중에 떠 있더군요. 일상으로부터 거리두기를 하려는 방랑자 같은 자세랄까요? 따분하고 지루한 세상과 의도적으로 멀어지려는 듯한 느낌이었어요."

시몬의 이야기를 듣자마자 마르셀은 호기심 가득한 아이의 눈으로 말했다.

"시몬, 나를 지금 그곳으로 데려다주겠어요?"

시몬이 말한 집은 르 코르뷔지에Le Corbusier, 1887~1965의 빌라 사부아(1929)다. 집의 전체적 윤곽은 이렇게 표현하면 적당할 것이다. 가느다란 기둥들에 의해 들어올려진 하얀 사각덩어리. 부유하는 물체로서 집은 크기에 비해 가벼워 보인다. 공중에 떠 있는 집은 어쩐지 현실세계와 거리를 두려는 제스처 같다. 복잡한 세상으로부터 개인의 세계를 따로 구분하려는 듯한. 집은 지상에서 계단만을 타고 올라야 하는 선박처럼 보인다. 승객들이 모두 탑승하면 건물에 뚫린 '가로로 긴 창'에 불을 밝히고 그들만의 항해를 시작할 것 같은 즐거운 상상! 한낮의 짙은 그림자 속에서 쉬고 있던 기둥들은 대해를 가르는 노로 변하고 집은 유토피아를 찾아 떠난다. 방향타도 없이 목적지가 어딘지 모를 여행이 시작되는 것이다. 아마도 그 시절은 급격한 사회 변화 탓에 사람들이 집에서나마 자신의 세계를 찾으려 했는지도 모르겠다. 그래서 이 집은 낮의 햇빛 속에 하얗게 몸을 달구며 조촐한 밤의 여행을 준비하고 있었을 것이다. 이 집의 주인은 도시에서 초원으로, 귀가를 재촉하며 개인의 시간을 기대했을 것이다.

> 모래 언덕 위에 선박처럼 고안된 저택은 거대한 노르망디 식 지붕보다 더욱 잘 어울릴 것이다. 그러나 어쩌면 사람들은 이것이 바다와 관련된 양식이 아니라고 우길 수도 있을 것이다.
>
> _르 코르뷔지에

르 코르뷔지에는 빌라 사부아를 통해, 독창적인 그만의 건

빌라 사부아의 내부와 외부를 들여다보면 독특한 상상력과 자유로운 감성이 느껴진다.

축개념들을 성공적으로 실증해냈다. 필로티pilotis라고 불리는 새로운 외부공간을 비롯하여, 콘크리트 구조를 통해 기둥 위치와 상관없는 자유로운 창을 디자인했다. 또한 외부공간을 건물 내로 끌어들이는 옥상정원 개념을 처음 시도한 것 역시 이 집이 혁명적인 건축으로 평가받는 이유다.

빌라 사부아를 보면 보들레르의 배와, 그 시대를 살았던 사람들의 감성과 다양한 상상력이 느껴진다. 아울러 그런 시대정신들을 지켜보면서 집을 만든 건축가의 자유로운 감성이 전해져온다. 예를 들면 고흐의 「밤의 카페 테라스」를 볼 때처럼 현실과 상상의 경계에 서 있는 느낌이다. 카페에서 새어나오는 노란 빛과 밤하늘의 푸른 빛처럼 미묘한 긴장감으로 현실과 상상이 대립하고 있는 형상. 현실을 벗어나 방랑자의 삶을 꿈꾸는 여행자들의 심정이 그러할까? 어쩌면 그것은 먼 항해를 앞두고 긴장된 모습으로 정박해 있는 배의 떨림과도 같은 것이다.

어떤 상상력
료안지

일본의 애니메이션 아티스트 미야자키 하야오의 작품 속에 등장하는 집들은 특별하다. 「센과 치히로의 행방불명」에 등장하는 목욕탕은 1층짜리 단독 건물을 층층이 쌓아올린 아파트처럼 생긴 건물이지만, 각 층의 시간과 공간은 모두 제멋대로이다. 모처럼 놀러간 놀이공원에서의 이해할 수 없는 사건으로부터 창조된 환상 속 공간들은 수시로 교차되고 겹쳐진다. 평범한 시공간 속에 또 하나의 생뚱맞은 시공간이 존재하고, 현실과 환상 사이의 작은 틈새는 평소엔 발견하기가 매우 힘들다. 어린 소녀 '치히로'처럼 환상과 현실의 경계를 두지 않는 순수한 영혼들만이 볼 수 있다.

　나 역시 비슷한 어릴 적 기억을 가지고 있다. 동네 뒷산에서 마주친 거대한 나무 등걸이나 막다른 골목에 으스스하게 버티고 있던 흉가의 출입구에서, 학교 뒤편마다 하나씩은 있던 쓰임새를 알 수 없는 창고 앞에서 그런 기분을 느꼈다. 이런 것들이 아마도 상상의 세계로 들어가는 일종의 출입구가 아니었나 싶다. 나이가 든 후에도 때때로 그런 기분을 느낄 때가 있다. 매일 밤 지나가는 주택가 골목길의 가로등이 갑자기 생소해진다거나 늘 오고가는 익숙한 거리의 네온사인이 갑작스러운 두려움으로 다가올 때가 그렇다.

그의 다른 작품 「하울의 움직이는 성」에서는 또 어떠한가. 주인공 '하울'의 집은 움직이는 성이다. 그 안에는 시공간을 무지막지하게 재구성하는 자동판매기 같은 출입문이 있다. 공간을 표시한 문 옆의 채널을 돌리는 대로 마녀의 언덕, 시대를 알 수 없는 항구, 왕이 사는 나라, 또는 폭격으로 불바다가 된 전쟁의 도시가 펼쳐진다. 각각의 공간은 현실의 일본이 거쳐온 역사의 장면들을 은유적으로 표현하고 있다. 나는 공간에 대한 이러한 상상력이 그들 특유의 정서에서 기인한 것이라고 생각한다. 섬나라 민족이 가질 수 있는 대륙 콤플렉스나 탈출 무력감에 대한 일종의 반작용으로, 그들은 상상 속에서나마 누구의 간섭도 받지 않고 자유로운 영혼으로 살아가는 게 아닐까 싶다. 쉽게 현실세계를 벗어날 수 없는 개인이 상상 속에서라도 자기 세계를 건설하려는 마음인 것이다. '개인의 우주'에 대한 지극히 소박한 욕망이라고나 할까.

한편 「은하철도 999」에서는 좀더 물리적인 방법이 동원된다. 시공간을 무시한 채 천연덕스럽게 하늘로 솟아오르는 기차에는 다른 세계로 향하려는 도전적 정서가 담겨 있다. 이 기차는 현실

세계를 떠나 전혀 다른 미지의 세계로 달린다. 그 시절 우리의 '철이'는 도대체 속을 알 수 없던 신비의 여인 메텔과 함께 여행을 했다. 그리고 그때, 신세계를 찾아 떠난 그들과 함께 나도 떠났다. 그들이 원하는 것은 '영원한 생명'이었다. 영원히 변치 않을, 늘 변함없는 '나만의 우주'였다. 나는 여전히 은하철도를 바라보던 어린 마음으로 일본의 공간을 바라본다. 그러면 그들 마음 어딘가 깊숙이 머물러 있는 나만의 우주가 내게 다가온다.

돌과 모래로 꾸민 세계, 전형적인 '가레산스이枯山水 정원'(돌과 모래로 조성한 정원)인 이시니와石庭가 있는 료안지龍安寺는 교토시 우쿄구에 있다. 15세기 중엽 권력자 호소카와 가쓰모토가 만들었으며 일본을 대표하는 세계문화유산이다. 이 절이 유명해진 것은 가장 일본적인 공간이라 불리는 길이 25미터, 폭 10미터 정도의 작은 모래 정원 때문이다. 이 정원에는 사람이 들어갈 수 없다. 그저 바라만 봐야 한다.

날렵한 비율의 장방형 모래 위에 각기 다른 돌들이 드문드문 놓여 있다. 대청에 가부좌를 틀고 앉아 돌을 응시하며 명상에 잠기는 이들이 있는가 하면 어떤 이들은 이리저리 왔다갔다하며 사진 찍기 바쁘다. 작고 정교하며 치밀하게 계산된 공간은 일종의 퍼즐처럼 관람자의 호기심을 자극한다.

모래는 바다, 돌은 섬을 상징한다고 하는데 의미를 조금 바꿔 보면 모래는 거대한 우주를, 돌은 우주를 떠도는 별들 같기도 하다. 그런가 하면 모래는 인간의 공허한 마음, 돌들은 마음속을

료안지 내의 모래 정원.

떠도는 갖가지 상념일 수도 있겠다. 보기에 따라, 보는 이에 따라 여러 가지 해석이 가능한 정원이다. 료안지의 정원을 감상하는 이들의 '나만의 세계'는 다를 수밖에 없다. 돌과 모래가 빚어내는 생소한 긴장감은 그것을 바라보는 개개인의 시선마다에 각기 다른 메시지를 새겨놓는다. 사색과 명상을 자연스럽게 유도하는 것이다.

과거 일본의 전통 가옥에는 은밀한 정원이 존재했다. 집주인만 볼 수 있는 지극히 사적인 공간. 전투를 치르듯 치열한 하루를 보낸 집주인은 자신이 만든 작은 세계 속에서 잠시나마 안락한 휴식을 취하려 했으리라. 이러한 공간적 욕구는 어쩌면, 지형적 한계에 갇힌 지극히 일본적인 욕구불만의 결과가 아닐까? 어디로 도망을 치든 결국 바다와 만날 수밖에 없던 그들의 절망감이 점점 더 폐쇄적이며 은밀한 공간을 건축하게 하고 그 안에서 해답을 찾게 했는지 모른다. 아울러 오랫동안 칼과 무사도가 지배했던 역사적 특수성이 누구에게도 방해받지 않는 진정한 안식처를 원하게 했음직하다. 그것은 일종의 비밀 공간이었을 것이다. 자신만의 특별한 세계를 소유하고 싶은 욕구는, 공간을 세밀하게 가꾸고 아주 작은 부분까지 정교하게 설정하도록 했을 것이다. 비록 작고 폐쇄적이긴 해도 완벽히 개인화된 공간이었으며 그 안에서 세상과 맞설 힘을 키워나가기에는 더할 나위 없이 좋았을 것이다. 이곳에서는 누구라도 우주의 당당한 주인이 될 수 있었을 것이다. 말하자면 그 공간은 그들에게 너무나도 필요했던 '개인의

료안지 정원 모습.

우주'였으리라.

'나의 세계'와 '나를 제외한 세계'를 구분해 살았던 섬나라 일본. 그래서인지 그들은 겉마음으로 세상과 만나면서, 전혀 다른 속마음을 늘 숨기고 있다. 그런 그들의 유일한 안식처는 자신의 집과 그 안에 만들어놓은 자신만의 세계였다. 그 세계는 무궁무진한 상상의 세계다. 영원한 생명을 찾으러 떠날 수도 있고 마음먹기에 따라 사방이 막힌 바다를 가볍게 건너 대륙으로 갈 수도 있는, 자신이 원하는 진짜 삶이 펼쳐지는 세계 말이다. 그들의 공간은 세상과 소통하길 두려워하지 않고 자연과도 늘 열린 채로 교류하길 원했던 우리의 공간과 꽤 많은 차이가 있었다. 야트막한 담으로 자연의 일부를 둘러싸고 필요한 집들을 여러 채로 나누어 사이사이에 툭툭 떨군 후, 남겨진 자연과 빈 공간들을 산수화의 여백처럼 품었던 것이 우리의 집, 한옥이었다.

가까이 살고는 있지만, 종종 이해할 수 없는 주장을 펼치거나 터무니없는 생각을 하는 일본. 그들을 이해하는 단서가 하나 있다. 그것은 '끝없는 상상력'이다. 그리고 그 속에서 그들은 주인이 되는 꿈을 꾼다. 문제는 가끔 상상력이 과하다 보니 터무니없는 일을 현실까지 끌고 들어온다는 것이다. 그들에게는 독도 역시 그러한 상상력의 대상일지도 모르겠다. 그것이 육지에 사는 우리로선 참으로 골치 아픈 노릇이다. 아무리 상상은 자유라지만.

세한도의 마음
추사고택

기원전 99년, 흉노정벌을 떠났던 친구 이릉이 투항하자 홀로 그를 변호하던 사마천은 한무제에게 궁형을 당한다. 궁형이란 생식기를 거세하여 남자 구실을 못하게 하는 벌이다. 목숨을 끊을지언정 치욕만은 거부했던 당시 지식인들과는 달리 사마천은 사형을 거부하고 궁형을 택했다. 이유는 할 일이 있어서였다.

이릉이 흉노족에게 투항한 후 오히려 무제를 치려 한다는 소문이 돌았다. 무제는 이릉과 가장 친했던 사마천에게 의견을 묻는다. 사마천의 변은 대략 이러했다.

"장수 이릉은 수백의 보병으로 흉노의 수만 기마군과 싸웠습니다. 하지만 계속되는 전투에도 지원군이 오지 않아, 버티다 못해 패한 것으로 보입니다. 이릉은 오히려 어려움 속에서도 자신의 병졸들과 끝까지 운명을 같이한 대단한 절개의 장수입니다. 이릉이 흉노에게 피치 못하게 투항한 것은 적의 소굴에서 사태를 지켜본 후 황제를 위해 묘책을 발휘할 시간이 필요했기 때문입니다. 오히려 황제께서는 이러한 이릉의 절개와 용맹을 널리 칭찬해야 할 것입니다."

이 이야기를 들은 한무제는 두 가지 문제를 생각했을 것이다. 첫째는 지원군이 오지 않았다는 지적, 둘째는 이릉을 비난하지 말고 칭찬하라는 충고. 그의 기분이 결코 좋았을 리 없다. 흉노정벌의 총책임자가 무제가 총애하던 이씨 부인의 오빠 이광리였기 때문이다. 지원군이 오지 않았다 함은 이광리를 비난하는 것이며, 이어진 충고 또한 그런 이광리를 감싸고 도는 황제 자신을 두고 하는 말이라고 한무제는 생각했을 터이다.

기분이 언짢아진 이들은 건방진 사마천에게 두 가지 가운데 하나를 선택하게 했다. 역모를 꾀한 죄인을 두둔한 대가로 사형을 당할 것인가? 아니면 남성을 포기하는 치욕을 감수하고 생명을 연장할 것인가? 사마천은 구우일모九牛一毛, 즉 아홉 마리의 소 가운데에서 털 하나 없어지듯 어이없는 죽음을 맞이할 수 없었다. 그는 궁형을 택하고 간신히 살아남아 『사기』 130편을 완성시킨다. 치욕과 업적을 맞바꾼 것이다. 일단 숨이 붙어 있어야만 가능했던 일이다. 고난을 극기의 대상으로 삼아 대업을 이룬 것이다.

안동 김씨 세도에 밀려 제주도로 귀향 갔던 김정희1786~1856도 마찬가지다. 다리가 잘린 후 불세출의 병법을 완성했던 손자처럼, 궁형을 당하고 목숨을 부지한 채 8년간 칼을 갈며 『사기』를

김정희, 「세한도」, 종이에 수묵, 27.2×69.2cm, 1844년, 개인 소장, 국보 제180호.

완성한 사마천처럼, 김정희도 그러했다. 그가 독보적인 추사체를 완성하고 수많은 저서를 써내며 능력을 절정으로 발휘한 시기는 처절하게 춥고 한기 서렸던 제주도 유배 시절이었다. 참판 벼슬까지 지냈던 권세가로서의 김정희는 어디에도 없었다. 남은 말년을 죄인의 멍에를 뒤집어쓰고 살아야 할 판이었지만 운명에 순응하고 무려 9년의 유배 기간 동안 열심히 읽고 쓰면서 내실을 다졌다.

제자인 이상적에게 건넨 「세한도」에는 그의 절치부심이 잘 드러나 있다. 환갑을 코앞에 둔 김정희는 청나라 외교관으로 일하던 제자 이상적에게 이 그림을 보냈다. 천리 길도 마다 않고 제주까지 방문해 스승을 챙겼던 제자에 대한 고마움에서였을 것이다. 이상적은 스승의 그림을 교류하던 중국 문인들에게 보여주었고 찬사가 쏟아졌다. 어떠한 기교나 꾸밈 없이 건조하게 그려진 화풍에서 그린 이의 담담한 심정을 읽을 수 있다. 그림 속 집의 모양새는 더할 나위 없이 초라하고 단순하다. 다소 거칠고 묵직한 붓놀림이 단박에 그렸음을 짐작케 하며, 그린 이의 고매한 품성을 엿보는 데 부족함이 없다. 그린 이의 정신이 고스란히 옮겨진 솔직한 그림이다.

그림에 여백이 많음에도 꽉 차 보이는 이유는 뭘까? 나의 눈에는 여백을 채우고 있는 바람이 보인다. 날도 춥고 마음도 추운 유배 시절이다. 권세를 떨칠 때는 문지방이 닳도록 드나들던 사람들의 발길도 뚝 끊기고 인적 없는 쓸쓸한 집이다. 그림을 찬찬히 살펴보면 사람이 그리운 한 노인의 쓸쓸한 마음이 절절히 느껴진다. 외로움에 치를 떨었던 매일매일의 현실이 이 그림을 만들었구나 싶다. 혹여 이런 심정은 아니었을까? '아, 그립구나! 사람이. 아, 허무하구나! 인생이.' 유배 중이니 당연히 비질할 머슴도 없었을 테고 그 때문인가 마당엔 눈인지 흙인지 모를 무언가가 지저분하게 널려 있다. 하긴 당장 내일이라도 사약을 마시게 될지도 모를 판에 마당은 치워서 무엇 하겠는가.

이 그림의 희망은 나무에 있다. 초라한 오두막집을 늠름히 지키는 소나무와 잣나무 들은 캄캄한 현실 앞에 주저앉지 않겠다는 의미로 읽힌다. 곧게 뻗은 나무에서 흔들리는 마음을 다잡고 하루하루를 버텨내려는 뛰어난 학자의 의지가 묻어난다. 「세한도」는 그런 그림이다. 끝까지 자신을 잊지 않고 찾아주는 제자에게 현실의 패배에 쉽게 무너지지 않으려는 스승의 각오를 보여주고 있다. 날이 차가워진 이후라야 소나무와 잣나무가 시들지 않음을 알게 된다고 공자는 말했다. 추사는 절대로 시들지 않을 자신만의 소나무와 잣나무를 그린 후, 팽팽하게 응축된 바람으로 여백을 메웠다. 그리고 그림을 통해 한 치의 빈틈도 없이 자기 자신을 억세게 다져나갈 것임을 보여주었다. 문인화의 진수라 할 만하다. 「세한도」는 역경에 대항하는 한 인간의 정신이다.

추사의 증조부 김한신1720~1758은 영조1694~1776의 둘째딸 화순옹주의 남편이다. 영조로부터 예산에 땅을 하사받아 집을 지었는데, 바로 그 집이 추사고택이다. 이곳에서 추사 김정희가

추사고택 내부.

태어났다. 증조할머니가 옹주이고 증조할아버지가 부마였으니 어느 정도의 쟁쟁한 명문가였는지 알 만하다. 하지만 추사 자신과 병조판서까지 오른 그의 부친 김노경은 당파 싸움과 정치에는 그다지 소질이 없었나보다. 번번이 안동 김씨들에게 찍혀 부자가 대대로 고생살이를 한다. 결국 김노경은 유배지에서 사약을 받고 죽었다.

추사고택은 「세한도」와 닮았다. 사방이 낮은 구릉으로 펼쳐진 다소 황량한 집터이지만 풍수적으로는 명당이라고 한다. 외로운 소나무처럼 야트막한 언덕에 소박한 둥지를 틀었지만 초라하진 않다. 집은 온화한 선비의 풍모이며, 동시에 강골한 선비의 정신이다. 애써 화려하게 치장하지 않았어도 「세한도」의 여백처럼 바람을 머물게 하여 집을 풍성하게 하는 힘이 있다. 「세한도」의 오두막처럼 소박하면서도 단단한 선비의 기품이 엿보인다.

추사의 증조부인 김한신이 이 집을 처음 지을 당시에는 저택이라 불러도 좋을 만한 쉰세 칸짜리 집이었다. 하지만 1976년 개·보수한 추사고택은 안채와 사랑채, 문간채, 사당이 조합된 작은 주택으로 조성되었다.

손님을 맞는 사랑채는 낮은 툇마루를 길게 늘어뜨려 넉넉한 바깥주인의 인심을 보여준다. 걸터앉아 담소를 즐기며 바람을 맞는다. 사랑채 앞마당에 핀 작은 과실수와 꽃들을 보며 집을 관통하는 온화한 계절을 느낀다. 사랑채 뒤편으로 돌아가면 안채가 보인다. 조심스레 앉혀져 있는 안방마님의 비밀스러운 공간은 전

추사 묘 앞의 백송.

국에서 가장 밀도 있는 ㅁ자 한옥 중 하나다. 막혀 있지만 시원한 바람이 늘 휘도는 공간이며, 정오의 따사로운 볕이 작은 마당을 데워 만들어낸 이 집만의 독특한 내음도 맡을 수 있다.

고택 옆엔 추사의 묘가 있다. 온화한 주변 지세가 고택과 묘, 이 둘을 함께 품고 있다. 묘지 앞에는 추사가 중국에서 직접 가져왔다는 씨앗에서 잉태한, 근사한 백송 한 그루가 서 있다. 「세한도」의 오두막과 소나무처럼, 소박한 묘와 커다란 백송이 함께 살고 있는 것이다.

추사고택에 머무는 시간은 추사의 「세한도」를 떠오르게 하고 그림은 다시 어떤 이의 마음을 생각나게 한다. 집은 세월을 먹을수록 함께 사는 사람의 정신을 닮는다고 했던가. 헝클어지지 않고 팽팽한, 여유 있지만 충만한 여백이 보고 싶을 때 내겐 추사고택만 한 장소가 없다. 이곳에선 바빴던 시간도 잠시 숨을 돌린다.

또다른 세상을 만나는 마음
소쇄원

오래전 전설처럼 회자되던 휴대전화 광고가 있었다. 배우 한석규와 청운 스님이 대나무 숲을 산책하는 동안 "또다른 세상을 만날 땐 잠시 꺼두셔도 좋습니다"라는 멘트가 흘러나오던 통신사 광고 장면을 기억하는 이가 꽤 많을 것이다. 오래전 일이지만 지금도 기억에 생생하다. 적막한 대나무 숲의 풍경과 경쾌하게 울리던 휴대전화 벨소리의 불협화음이 인상적이었다. 정작 광고를 보며 궁금했던 건 깊은 숲속까지 연결되는 통신망의 탁월한 성능이 아니라 두 남자가 걷던 숲이 어디냐였는데, 나만 그런 생각을 한 건 아니었던지 광고 이후 그 장소는 통신사보다 더 큰 관심을 끌었다. 전남 담양에 위치한 소쇄원瀟灑園 대나무 숲이었다.

소쇄원은 별서원림別墅園林이다. '별서'란 주거를 목적으로 지은 살림집과 달리 은둔을 목적으로 한적한 장소를 골라 조성한 별장을 말한다. 따라서 통상 살림집과 멀리 떨어지지 않은 곳에

1990년대 통신사 광고의 촬영지로 유명해진 소쇄원의 대나무 숲.

지었다. '원림'은 인공적으로 조성한 정원과는 다른 개념인데, 건축물의 부속 공간처럼 붙어 인위적인 조경 작업을 통해 만든 것이 정원이라면, 가급적 자연 그대로의 상태를 살리면서 최소한의 조성만으로 자연스러운 환경을 만든 것이 원림이다. 원림에 지어지는 건물은 대체로 작고 간소한 편이다. 자연의 풍경이 집의 위세에 눌리면 안 되기 때문이다.

소쇄원을 지은 이는 조선 중종 때의 인물인 양산보1503~1557다. 15세 때 서울로 상경, 조광조의 제자로 들어가 학문에 입문했다. 양산보는 중종 14년(1519) 당시 대사헌으로 있던 스승 조광조가 신진세력을 발굴하고자 시행한 과거에 급제했으나 17세의 어린 나이 때문에 관직에 책봉되지 못했다. 그해 기묘사화가 일어났다. 당시 중종은 연산군 시대의 패악을 개혁하기 위해 조광조를 필두로 한 신진사류新進士類를 중용했고 그들이 주창하는 왕도정치를 실행하려 했다. 하지만 조광조의 개혁이 다소 급진적인 이상론으로 치부되면서 세력 규합에 실패했고, 공신 기득권 세력이던 훈구파의 불만을 야기했다. 개혁가에서 졸지에 반역자 신세가 된 조광조는 능주로 유배되었고 얼마 안 가 사약을 받고 죽었다. 양산보는 세상을 혁신하려 몸을 던진 스승의 꿈이 허무하게 부서지는 걸 보고 충격을 받는다. 그의 나이 18세(1520) 때의 일이다. 그는 세속적 야망을 접고 고향으로 돌아와 남은 생을 자연 속에 은둔하며 살기로 결심했다.

그는 창암 계곡에 적당한 터를 잡아 서른 되는 해부터 소쇄원을 만들기 시작했다. 10년에 걸친 소쇄원 조성은 그의 인생을 함축하는 작업이었다. 양산보는 소쇄원을 통해 자신이 겪은 삶의 희로애락과 꿈꾸던 이상의 세계를 표현하고자 했다. 그래서인지 소쇄원은 한없이 여유롭지만 처연한 기운이 흐르고, 아름답지만 어딘지 쓸쓸하다. 또한 무위자연의 이상적 풍경 속에서 문득문득 현실세계의 덧없음이 느껴진다.

풍류를 즐기며 마음 맞는 이들끼리 조용히 살다 가자고 마음먹고 지은 장소여서인지, 특별한 경계 없이 넓게 퍼져 있어 어디까지가 인공이고 어디까지가 자연인지 애매하다. 집을 관통하는 작은 계곡이 속세와 자연을 가르는 유일한 경계선이다. 이름 그대로 '빛나는 바람'처럼 당당한 광풍각光風閣이 손님을 맞아주고 주인의 거처인 제월당霽月堂이 '비온 후 구름 사이로 고개를 내민 부끄러운 달'처럼 한발 뒤로 물러서 있다. 김성원이 세운 식영정息影亭과 정철의 환벽당環碧堂이 인근에 있다. 지척에 모인 세 장소는 당대 최고의 선비들이 풍류와 식견을 나누던 지식인들의 열린 사랑방이었다고 한다.

소쇄원은 모든 것을 내려놓은 처사處士의 집이다. 처사란 누구인가? 양산보의 말처럼 '개처럼 사느니 초야에 묻혀 흙이 되고자 했던' 사람들이다. 소쇄원 오곡문 아래 흙벽이 자연스럽게 허물어져 물길이 된 곳은 위에서 내려온 계곡물이 합쳐져 작은 폭포를 이룬다. 물길이 이어져 닿은 흙 못에는 팔뚝만 한 잉어가 헤엄치며 놀고 있다. 대나무를 모로 잘라 수로를 만들어놓은 솜씨

소쇄원 전경과 광풍각.

가 이곳을 만든 이의 세심함을 엿보게 한다. 양산보는 『처사공실기處士公實記』라는 책을 통해 당나라 사람 이덕유李德裕가 후손에게 유언을 남겨 평천장平泉莊이라는 자신의 별장을 나무 하나, 돌 하나도 타인에게 양도하지 못하게 한 고사를 참고하여 소쇄원 또한 타인에게 양도하거나 어느 누구의 소유가 되지 않도록 할 것을 후손에 주지시켰다. 만들다 만 것 같은 오곡문의 수문도, 정리되지 않은 계곡 주변의 허름한 풍경도 그의 유고가 아니었다면 지금까지 유지되기 힘들었을 것이다.

어둑한 밤 구름 걷히고 비로소 화색을 되찾은 달빛, 불어오는 청량한 바람이 온 집안에 가득하다. 피눈물을 자아냈던 폭풍이 물러가고 마침내 평온을 찾은 계곡의 광풍각은 소박하지만 당당한 자태로 오는 이 막지 않고, 가는 이 붙잡지 않는다. 긴 세월 동안 머물다 간 수많은 나그네들의 흔적은 차곡차곡 건물에 남아 주변의 빽빽한 대숲처럼 곧고 유연한 품성을 드러낸다. 제월당 마루에 누워 매캐한 모깃불을 맡으며 숲이 뿜어내는 짙은 한기를 온몸으로 느끼다 보면 반 천년의 시간차는 어제 일처럼 코앞으로 불쑥 다가온다.

소쇄원을 걷다 보면 일본의 정원이 떠오른다. 특히 일본이 자랑하는 교토 료안지의 정원. 모래와 돌로 꾸며낸 인공적 설정의 극치로, 담과 건물로 엄격히 구획을 조정하여 자연미가 보이지 않는 공간이다. 한 치 틈을 용납하지 않고 눈에 거슬리는 모든 것을 제거하여 허술함이 보이지 않아야 아름다운 것이다, 라고 말하는 공간이랄까. 보고 있으면 숨이 막힐 정도인 그 공간에 비하면 소쇄원은 너무나 허술하고 틈도 많고 변변한 구획도 하나 없다. 나무들은 막 자란 듯 종류도 다양하고 여기저기 들쭉날쭉이며, 놓인 돌과 물, 집도 딱히 원칙과 방향이 보이지 않는다. 료안지를 조성한 이의 기준으로 본다면 대충 만든 추레한 정원일지 모르겠다. 하지만 그 차이는 기술의 차이가 아닌 철학의 차이, 세상을 바라보는 관점의 차이다. 자연을 대하는 태도가 다른 것뿐이다.

예로부터 우리는 자연을 완성체로 보았다. 전통적으로, 이미 완성된 자연을 조작하거나 인공적인 것을 첨가하는 일 자체를 불필요하다고 본 것이다. 이러한 관점에서는 정원과 정원 아닌 곳의 경계도 무의미하다. 인위적으로 아름다움을 조작하려 하지 않고, 먼저 자연을 밑바탕 삼아 필요한 경우에만 최소한으로 손을 댔다. 비워져야 큰 것을 담을 수 있고 그래야 자연과 인공의 구분이 없어진다고 보았기 때문이다. 일본의 정원처럼 ㅁ자 공간 틀을 엄격히 따지고, 계산된 위치에 나무木(혹은 돌石, 물水)를 배치하여 연출하는 방식을 조선의 선비들은 곤란하게 여겼다. 빈곤하지 않게 자연 그대로 울창한 숲을 이룬 대나무들은 언제나 원림 주변에서 바람과 어울려 딱딱 소리를 내고, 그때마다 이파리들은 서로 부딪히며 짧은 비명을 내지른다. 500년 전 마음과 지금의 마음이 다를 게 무엇일까. 세상을 바꾸려 한 스승의 마음을 짊어지고 제자는 변변한 길도 없었을 그 옛날, 계곡으로 들어와 자신만의 장소를 만들었다. 휘어진 마음을 추스르고 부러진 마음을 위로하며 보고 싶은 이를 맞이하는 정자를 앞에 놓고, 자신을 위한 한 칸 방은 달밤이나 품을 요량으로 뒤로 물려 앉혔다. 소쇄원은 말한다. 세상을 향한 소리, 욕심, 꿈……. 이곳에서는 잠시 꺼두어도 좋다고.

덜어내고 또 덜어내어
김옥길 기념관

도널드 저드Donald Judd, 1928~1994의 '무제' 시리즈가 매력적인 이유는 지나치리만큼 단순한 추상물의 반복과 순차적인 배열만으로 특별한 메시지를 던지기 때문이다. 그의 작품은 간결하고 깔끔하다. 형태를 최대한 단순화시켜 명료하게 구성한다. 작품에 사용된 재료는 알루미늄, 철강, 합판 등의 공업용 자재로 주변에서 쉽게 볼 수 있는 것들이다. 도널드 저드는 분류상 미니멀리즘의 대표 작가지만 그 스스로는 미니멀리스트로 분류되길 원치 않는다. 자신의 작품에 담은 다양한 함의를 지나치게 일반화한다는 이유에서다. 그런 의미에서 그의 작품은 가장 단순한 표현으로 가장 풍부한 의미를 표현하는 맥시멀리즘에 가깝다. 그는 작품을 보는 즉시 바로 느껴지는 감정과 생각을 중요하게 여겼다. 관객들이 자신의 작품을 애써 해석하거나 추론하지 않고 있는 그대로 받아들이기를 원했다.

장식을 배제한 극도의 단순함을 추구하는 미니멀리즘 아트는 제2차 세계대전 이후 회화와 조각 등의 시각예술 분야에서 처음 시작되어 점차 음악, 문학, 건축, 철학 등 다양한 분야로 확대되었다. 시각예술로서의 미니멀리즘은 일차적으로 어떤 대상의 본질만을 남기기 위해 군더더기 요소를 제거하는 방식으로 나타났다. 또한 색상과 재료도 단순하게 사용하여 장식적 화려함을 배제하고 형태적 변수를 극소화하는 경향을 띠었다. 그 탓에 삶의 관점에서의 미니멀리즘은 생존에 필요한 최소한의 소유를 지향하고 욕망을 배제하는 금욕주의와 맥이 닿아 있다. 거추장스러운 형식과 외형의 상투성을 제거하여 삶의 핵심에 집중하도록 유도하는 생활 철학이다.

형식과 외형의 집착에서 벗어난 또다른 작품으로는 알베르토 자코메티Alberto Giacometti, 1901~1966의 인체 조각이 있다. 그가 빚어놓은 인체를 보면 불쌍하기 그지없다. 마치 거죽을 벗겨 살을 말끔히 발라낸 짐승의 뼈대를 보는 듯하다. 한없이 나약해 보이는 그의 조각상은 종종 이렇게 말을 건다. "존재란 이렇게 참 가벼운 거 아니겠어요?"

존재의 가벼움을 표현한 자코메티의 조각은, 사람들이 숨기고 싶은 진심으로부터 욕심과 가식, 허세를 몰아낸다. 철로 만든 뼈대에 흙을 붙이고 다시 청동을 발라 만든 자코메티의 인체는 세상에 홀로 선 인간이다. 마른 거죽조차 허용되지 않는, 앙상하고 슬픈 형상이 바로 우리 인간이라는 메시지다. 그의 시선은 한

®℗Paolo Monti

1962년 베니스 비엔날레에서의 자코메티

없이 왜소한 인간의 본질에 닿아 있고 그것을 당장이라도 부러질 듯한 길고 가는 몸체로 표현한다. 스스로 생각하는 것과는 다른 한없이 가벼운 인간의 존재감, 그것은 결국 삶의 막막한 무게로부터 벗어나려는 자유에의 의지로 통하는 것 아닐까. 이처럼 미니멀리즘 작품들은 기교와 덧붙임을 덜어내고 대상의 본질에 다가가려 할수록 오히려 현실보다 더 생생한 리얼리티와 명료한 아이덴티티를 얻을 수 있음을 알게 해준다.

건축에서도 다양한 관점에서 소재와 구조를 단순화하고 최소한의 형태를 추구하는 방향으로서의 미니멀리즘적 경향이 종종 나타난다. 하지만 건축은 일반적 시각예술과는 달리 큰 비용이 들고 사용자의 생활을 위한 공간을 담아야 한다는 본질상 예술과 기술의 접점에서 이를 풀어내야 한다. 건축적 관점은 크게 두 가지가 있을 것 같다. 하나는 생활공간으로서의 관점, 또 하나는 예술로서의 관점이다. 생활공간으로 건축을 본다는 건 건축을 인간을 위한 편리한 제품이나 기계로 이해한다는 것이다. 그래서 대체로 편리에 관한 부분이 중요한 기준이 된다. 튼튼한지, 물이 새는지, 창 틈새로 찬바람이 들이치는지, 겨울에 따뜻한지, 여름에 시원한지, 사용상 불편한 부분은 없는지 등등. 그래서 총괄적으로는 누구나 편하게 느끼고 안정적인 집인지의 관점으로부터 좋은 집의 여부가 판단되곤 하는 것이다. 헌데 누구에게나 좋은 집이 되고자 하는 목적 의식은 종종 건축의 예술적 관점과 정면으로 배치된다. 실제로 예술로 불리는 건축물 중 보편적 시각에서 불편하고 생경하며, 심지어 통상적인 집의 이미지와는 다른 경우가 있기 때문이다. 가령 김옥길 기념관도 마찬가지다. 이 집은 집 같지 않고 짓다 만 것 같으며 그래서 제대로 된 집이 아니라는 일반의 편견과 단순한 재료와 기호로 완결된 예술품이라는 평가 사이에 여전히 놓여 있다.

이 건축물은 교육자이자 이화여대 총장을 지닌 고故 김옥길 1921~1990 교수를 기리기 위해 지어졌다. 그런데 바깥 벽 한켠에 작게 붙여 놓은 '김옥길 기념관'이라는 표식이 없다면 대체 뭐하는 건물인지 실내와 외부공간을 다 둘러봐도 알 길이 없다. 건축 면적이 고작 62.64제곱미터(18평)에 불과한 작은 공간은 짓다 만 것 같은 투박한 ㄱ자 노출 콘크리트 벽에 의해 별도의 실내 마감도 없이 구획되어 있다. 연달아 늘어선 ㄱ자 벽 사이에는 유리 한 장이 창틀 없이 거칠게 끼워져 있다. 통상적으로 건축물에 필요한 요소와 부재部材를 최대한 덜어낸 것이다. 그나마 1층으로 들어가는 유리문과 지하로 내려가는 좁은 계단 정도가 이 조형물을 건축물로 이해하게끔 해주는 요소다. 그렇다면 이 건물은 건축가가 의도한 단순한 형상 자체로 어떤 사람을 기억하는 기념비가 되려고 했던 것은 아닐까. 즉 어떤 사람과 그가 생활했던 익숙한 장소를 묶어 특별한 상징물을 만들려고 했던 것이다.

음식점으로 사용 중인 실내에 들어가보면 밖에서 보이는 것과 마찬가지로 노출 콘크리트 벽면과 유리뿐이다. 안과 밖의 구성이 똑같다. 하지만 강한 햇볕 탓에 밖에서는 유리가 검고 벽이

김옥길 기념관의 외관.
밖에서 보면 어떤 목적으로 지어진 건물인지 짐작하기 어렵다.

김옥길 기념관의 내부.

환하게 보이지만 실내에서는 바깥 풍경이 밝게 보이고 벽체는 어둡다. 벽을 안과 밖을 구분하는 최소한의 건축 요소로 보고 빛과 그림자의 변화를 통해 그 벽의 효과를 최대화하려 꾀한 것이다. 분주하게 음식을 나르는 사람들과 들락거리는 손님들이 만드는 일상적 풍경 속에서 이 작고 단순한 건축물이 이야기하는 내용은 그리 단순하지 않다.

몇 해 전 어느 날 밤, 이 집에 들렀을 때다. 어두운 길 위에 서서 ㄱ자로 새어나오는 불빛의 묘한 실루엣을 한참 바라본 적이 있다. 어둠에 묻힌 콘크리트 구조체가 사라지고 불빛에만 의지해 자신을 은은히 드러내고 있는 이 집의 실체가 참 아름답다고 느꼈다. 항상 최상의 것, 최고의 것을 지향하는 우리 삶이지만 아주 가끔은 주변의 이름 모를 건축에서, 그림이나 문학, 조각 등의 예술에서 특별한 메시지를 던지는 존재를 만날 때가 있다. 무의미한 가식과 과한 욕망이 사라진 검소한 존재 하나가 우리의 마음을 울리고 정신을 맑게 하는 것이다. 김옥길 기념관은 그런 집이다. 김옥길이라는 사람을 기억할 만한 어떤 것도 드러내지 않지만, 누군가의 특별한 철학과 삶의 태도를 느끼게 하는 집. 단순하게 표현된 집의 형태가 한 사람의 삶과 정신을 말하고 있다. 도널드 저드의 조각처럼 엄격하고 반복적인 규칙을 지녔으며, 자코메티의 조각처럼 불필요한 요소가 제거된 검소함과 소신을 느끼게 한다.

생텍쥐페리는 말했다. '완벽함이란 더 보탤 것이 남아 있지 않을 때가 아니라 더 이상 뺄 것이 없을 때 완성된다'고. 이때, 단순함은 완벽함과 동의어이다.

집의 이름은 사람을 닮고
선교장

선호당善虎堂이라 불리는 집이 있었다. 경기도 남양주시 천마산 자락에 있던 열서너 칸짜리 낡은 고택이다. 정확한 건립연도는 알수 없지만 같은 터에 여러 번 고쳐지으며 대대로 장손들이 이어 살았다. 안채 대청 편액에 쓰인 당호의 의미는 '착한 호랑이'다. 왜 그리 이름 지었나 물었더니, 수백 년 전 이 집에 높은 벼슬을 지낸 어르신이 살았는데 기품이 백호 같아서 불의를 보면 용서가 없고 약자에겐 관대한 인격으로 주변에 명성이 자자했다고 한다. 어느 추운 겨울 새벽에 이 집 마당에 호랑이 한 마리가 들어왔는데 잠귀 밝은 어르신이 대청에 나가보았더니 호랑이가 어르신을 노려보며 마당 한가운데 앉아 있더란다. 어르신은 호랑이를 노려보며 내쫓으려 했는데, 호랑이는 꼼짝 앉은 채로 대성통곡을 하기 시작했다. 그때서야 어르신은 호랑이의 행색이 추레하며 몸 곳곳에 털이 숭숭 빠진 것이 한참 굶은 병든 호랑이임을 알아챘다. 이윽고 아침이 되자 호랑이 울음소리 때문에 잠을 설친 마을 사람들이 삼삼오오 집 앞에 모여들었고 대문을 부수고 들어가보니 믿을 수 없는 상황이 펼쳐지고 있었다. 추운 날씨에 몸이 얼어붙은 어르신이 한쪽 팔 옷깃을 접어 맨살을 호랑이 면전에 들이대고 서 있었는데 호랑이는 미동도 없이 전면만 응시하고 있던 것이다. 사람들은 경악했지만 상대가 호랑이인지라 어찌할 바 모르고 있는 차에 어르신이 한마디 했다. "내 주변머리 없는 촌부이오만, 마침 먹을 것이 떨어진 차에 배고픈 과객이 마당까지 구걸하러 들어왔는데 주인으로서 내어줄 것이 없어 이렇게라도 대접하려 밤을 지새웠소. 헌데 차린 밥상이 마음에 안 드는지 좀체 드실 기미가 없구려, 에취."

주인이나 식객이나 선호善虎이니, 사대부 집 명판으로 이만한 가호가 또 어디 있으랴 싶다. 물론 구전으로 전해지는 이야기라 사실인지 아닌지 알 길이 없지만. 전설이란 게 다 그렇고 그런 것. 어찌 됐든 대략 400년 이상 천마산 자락에 있던 유서 깊은 이 집은 수년 전 남양주시 재개발로 느닷없이 아파트촌이 들어오면서 헐리고 말았다. 들리는 소문에 선호당의 마지막 후손은 조상들이 물려준 집터와 선산, 논밭을 팔아 큰 차익을 남겼는데 그 과정에서 혼자 욕심을 부리는 바람에 나머지 형제들과 등을 돌리며 싸웠다고도 하고. 아무래도 글의 흐름상 이후 이야기는 생략하는 편이 나을 듯싶다.

집의 이름을 짓는 것은 결국 집에 거주하는 사람의 철학을 투영하는 일이다. 집이란 결국 삶을 담는 그릇이기 때문이다. 평탄치 못한 근대화를 겪고 고도 성장기를 통과하며 어쩔 수 없이 쓸려나간 수많은 집터 위에 아파트가 들어섰는데 그 와중에 우리는 집의 이름을 잃어버렸다. 대신 부여받은 것은 몇 동 몇 호라는 익명의 기호다. 단지 나와 너를 구분하는 최소한의 인식표인 그 번호를 모두가 집 앞에 하나씩 붙이면서, 점차 각자의 삶이 누군가 마련한 평균율 속에 존재해야 한다는, 다소 이상한 집단 강박에 시달리게 된 것은 아닌가 생각해본다. 이름 없는 집에 거주한다는 건 어떤 의미일까. 그것은 고유한 각자의 철학과 삶의 취향이 반영되지 않고 공동의 이름으로 획일화되는 그런 삶을 지향한다는 의미가 아닐까.

옛집 이름에 얽힌 멋진 남자들의 전설을 내친김에 좀더 살펴보면 그런 의심은 더 커져간다. 자신의 철학과 인격을 집의 이름으로 삼아 한 시대를 풍미했던 그 남자들 말이다. 가령 선호당이 있던 터와 멀지 않은 마현 마을에는 긴 세월 유배생활을 한 다산 정약용의 생가, 여유당與猶堂이 있다. 긴 유배생활을 끝낸 정약용이 남은 생을 살며 학문과 사상을 집대성한 집이다. 이름은 노자의 『도덕경』의 한 구절인 "여與가 겨울에 시내를 건너는 것처럼 하고, 유猶가 사방에서 엿보는 것을 두려워하듯 하라"에서 차용했다. 젊은 날 방자했던 혈기를 반성하며, 신중하고 진지한 삶을 살리라는 다짐을 당호에 담은 것이다. 정약용과 동시대를 살았던 남자 가운데 평생 읽은 책이 2만 권이 넘었다는 유명한 간

서치(책만 읽는 바보) 이덕무가 있는데, 그의 집 이름은 팔분당八分堂이다. 인간이 도달할 수 있는 최고 레벨인 '성인'을 10으로 볼 때 8이라도 이루자는 삶의 목표를 표현한 이름이다. 왜 그가 무지막지하게 책 읽는 일생을 보냈는지 어렴풋이 짐작할 수 있다. 실학자 홍대용의 당호는 그의 호와 같은 담헌湛軒이다. 담헌은 '맑은 집'이라는 뜻으로, 집을 칭하는 헌軒을 사람의 호와 같이 사용한 점이 특이하다. 예상컨대 사람과 집을 하나로 본 것이다. 속세에 정신을 더럽히지 않고 맑게 살겠다는 그의 인생관이 잘 드러난다. 홍대용은 실제로 평생 벼슬을 멀리하며 학문에 정진하면서 담헌이라는 이름에 걸맞은 생을 살았다.

가장 좋아하는 집 이름 중 하나는 강릉 선교장船橋莊이다. 당호는 말 그대로 '배다리 집'이라는 뜻인데, 이 집의 이름을 부를 때마다 둘레가 12킬로미터에 달했다는 광대한 경포호 위를 건너는 나룻배 한 척이 눈앞에 서정적으로 그려지고, 멀리 100칸에 이르는 대저택의 풍경이 한 폭의 산수화처럼 떠오른다. 통상 집 이름으로는 당堂, 제齊, 헌軒 등의 글자가 붙기 마련인데 장莊이 붙은 경우는 전국적으로도 강릉 선교장과 백범 김구의 사저였던 경교장京橋莊, 이승만 대통령 사저 이화장梨花莊 셋뿐이다. 선교장은 세종대왕의 형인 효령대군의 11대손 이내번이 1756년부터 지어서 이후 10대에 걸쳐 250년 넘게 이어져온 99칸 규모의 대저택이다. 집의 주인들은 대대로 큰 재산가였고 그에 걸맞은 인품으로 이름 모를 수많은 길손들과 흉년의 지역 주민들에게 큰 인심을 베풀었

강릉 선교장의 연속된 문.

던 것으로 유명하다. 실제 집 전면에 늘어선 무려 스물세 칸의 긴 행랑채는 선교장의 과거가 어떠했는지 능히 짐작하게 해준다. 이 집 안에는 열화당悅話堂이라는 큰 사랑채가 있는데 당호는 도연명의 「귀거래사」 중 "친한 이들과 정다운 대화를 나눈다"라는 대목에서 가져온 것으로, 모든 사람에게 관대했던 집주인의 철학과 역사를 더할 나위 없이 잘 표현하고 있다.

집, 밥, 옷, 이름 등등 '짓는다'를 붙이는 단어들은 우리 삶에서 가장 중요한 것들이다. 집 이름 짓기가 사라진 세상을 살고 있긴 하지만 집의 이름을 짓는다는 것은 생각보다 우리 삶에서 훨씬 중요한 일일지 모른다. 좋은 집 이름은 고유의 정체성과 역사를 함축하며 사람의 삶에도 영향을 미치기 때문이다. '내가 그의 이름을 불러주기 전에 그는 다만 하나의 몸짓에 지나지 않았고, 내가 그의 이름을 불러주었을 때 그는 나에게로 와서 꽃이 되었다'라는 김춘수의 시를 떠올려본다. 하나의 몸짓에 불과했던 무의미한 일상들에 유의미하고 분명한 철학과 의미를 부여하는 것, 그래서 집을 거울삼아 보다 단단한 삶을 살아가는 모습을 꿈꾼다.

얼마 전 어떤 드라마를 보며 점찍어둔 이름이 하나 있다. '미생헌未生軒'이다. 완전하지 않음을 즐기자며 살자는 의미다. 마음을 다잡는 의미로 일단 '1001'이라고 찍힌 아파트 현관 번호판 옆에 작은 스티커로 붙여두었다.

어린 날의 판타지
상상사진관

큰 회사에 다니셨던 아버지 덕분에 집에는 4절 크기의 빳빳한 양지로 만들어진 고급 달력이 꽤 많았다. 철지난 달력을 버리지 않고 모아두었다가 심심할 때면 배를 깔고 엎드린 채 모나미 12색 볼펜으로 하루 종일 그림을 그리곤 했다. 달력은 가짜 명화나 근사한 풍경 사진으로 채워져 있었고, 화려한 서체를 뽐내며 배열된 숫자들이 보기 좋게 프린트 되어 있었다. 오래전 서양에서 건너왔을 그 숫자들이 나를 들뜨게 했다. 마치 환상의 세계로 들어가는 데 꼭 필요한 암호처럼 하나하나가 각별하게 다가왔다. 그중 빨간 놈들은 마법에 걸려 옴짝달싹 못하는 불쌍한 신세였다. 나는 그날그날 기분에 따라 마음에 드는 한 놈을 골랐다. 붉은 낙인이 찍힌 채 박혀 있는 숫자들을 해방시켜 자유롭게 떠다니게 하는 일이 나의 임무였다.

그 시절 철지난 달력의 하얀 뒷면을 캔버스 삼아 풀어낸 수

많은 판타지가 있다. 주로 로봇이 등장하는데, 로봇을 개발한 박사는 안타깝게도 세계를 정복하려는 악당들 손에 죽는다. 그의 아들이나 친척 중 똘똘한 사내아이 혹은 양자로 삼은 소년이 세계를 구하는 일에 대신 나서고 박사가 남긴 로봇을 조종해서 악당과 맞선다. 권선징악의 결말이야 뻔했지만 그 뻔한 이야기가 어린 내 머릿속에 일으킨 상상력은 무궁무진했다. 지난 번 대결에서 심각하게 파괴된 숲속 기지를 바닷속 동굴에 새로 건설하기도 하고, 도시 한복판 광장 지하에 또다른 비밀 기지를 건설하기도 했다. 그 기지 속엔 이미 짐작했겠지만 늠름한 로봇이 출격 준비를 기다리고 있다. 거대한 로봇을 움직이는 조종사는 기껏해야 열대여섯 살의 소년이었다. 용맹함과 지략 면에서 어른들을 능가하는 어린 영웅이다.

소년은 잘 빠진 오토바이에 몸을 싣고 도시를 순찰 중이다. 그때 소년의 눈앞에 갑자기 나타난 악당들. 소년의 오토바이는 즉시 에어크래프트로 변신한다. 그리고 곧장 기지로 날아가 로봇과 도킹한다. 로봇의 생김새는 그때그때 다르다. 클래식한 마징가 제트의 모습이기도 했다가, 때론 그랜다이저와 태권브이를 합친 새로운 형태의 로봇으로 재탄생하기도 한다. 용감히 맞서 싸우다 기운이 다할 즈음 어디선가 나타난 짱가의 도움을 받기도 한다. 그들 모두는 친구인 동시에 악당으로부터 지구를 구하는 정의의 수호자였다.

그렇게 수많은 적들과 싸우다 보면, 악당 로봇에게 치명타를 입는 경우가 생겼다. 그럴 때마다 수리하는 데 걸리는 시간은 짧게는 며칠, 길게는 일주일을 넘기기도 했다. 부상당한 로봇은 오른팔과 왼쪽 다리가 떨어져나가고 얼굴의 절반이 파괴된 처참한 모습으로 격납고 신세를 졌다. 내가 창조한 로봇은 높이만 100미터, 중량은 300톤이 나가는 거대한 수호신이었다. 마치 진짜 과학자가 되어 직접 설계라도 하는 것처럼 비교적 상세하게 로봇의 형태와 모양을 정리했다. 먼저 로봇 전체의 껍데기를 벗겨낸 다음 내부를 구성하는 복잡한 회로도를 그렸다. 너무 복잡해서 머리가 돌 지경이었지만, 김 박사의 후예라도 된 듯 사명감에 불타올라 한여름 날 방구석에 처박혀 땀을 줄줄 흘리며 그려댔다.

떨어져나간 팔은 주회로가 모두 끊겨 이식을 하긴 힘들어서 새로운 버전의 울트라 스크루 펀치를 장착하기로 했다. 스무 가닥 넘게 뱀처럼 뻗은 회로 선을 서너 개로 줄이고 젤리 비슷한 특수 소재로 근육을 만들었다. 그리고 초합금제트로 몸체의 뼈대를 잡아 기존 골격과 연결했다. 하는 김에 가슴 판을 열어 심장 기능을 하는 연료공급 장치를 달았다. 따로 연료공급 없이도 무한 전투가 가능하도록 자가발전 기능을 장착하기도 했다. 그리고 적의 공격으로부터의 타격을 최대한 줄이기 위해 앞뒤를 켜켜이 감싸는 보호 캡슐을 세세히 그려넣었다. 100미터의 거대 로봇은 비로소 인간을 닮은 수호자로 거듭났다. 그 후 녀석과 내가 수많은 악당을 때려잡는 동안 달력 뒷면은 내가 그린 로봇 그림들로 빼곡이 채워졌다.

내가 달력 뒷면에 날마다 기록한 로봇 판타지는 어린 시절에 누구나 한번쯤 경험해봤을 만한 감정이입 놀이였다. 김 박사가 되고, 만화영화의 디자이너가 되고, 선과 악이 존재하는 이 불우한 세계를 고민하는 영웅이 되었다. 만화를 통해 내가 그렸던 세상은 비록 온갖 기계들로 둘러싸인 삭막한 공간이었지만 마음 가는 대로 창조할 수 있는 유일한 세계이기도 했다. 난 그곳에서 어떤 힘센 어른도 감히 생각할 수 없었던 '신이 되는 상상'을 했다. 마음만 먹으면 상상하는 어떤 로봇도 개발할 수 있었고, 탁월한 기능으로 중무장한 신기지를 디자인할 수도 있었다. 격납고의 로봇은 원하는 아무 때나 열어볼 수 있었다. 로봇의 몸속은 잘게 쪼개진 수많은 기계 부품들로 가득 차 있었다. 그것들은 서로 긴밀하게 연결되어 하나의 살아 있는 유기체로 기능했다. 그런 인과관계에서 나는 쾌감을 느꼈다. 그 경험은 지금까지 내가 간직한 가장 오래된 판타지다.

그때의 내가 현대의 사이보그를 떠올리며 유기체와 기계의 결합을 이해하고, 피와 기름이 섞인 기술적 처리방식을 이해했을 리는 없다. 중요했던 건 선과 악을 나누어 상상 속 세계의 기본 구조를 만들고, 그 양측을 갈등하게 하고, 결국엔 선이 악을 이기게 하여 세상의 질서를 바로 잡는 재미였다. 어쩌면 철부지 여섯 살 꼬마가 나름의 정체성을 찾아보려는 과정이었다고 말할 수도 있겠다.

달력에 그림을 그리던 그 시절, 텔레비전에서는 「육백만 불의 사나이」를 방영하고 있었다. 스티브 오스틴은 로봇이라고 불리기엔 내가 이전에 알고 있던 로봇들에 비해 너무 작았다. 사람과 기계가 반반씩 결합한 작은 로봇은 사이보그라고 불렸다. 그는 사이보그였으며 세상의 모든 복잡한 문제를 척척 해결하는 정의의 사도였다. 또한 내게는 동경의 대상이었다. 앞으로 다가올 미래에 나는 그와 같은 힘을 갖게 되길 소망했었다. 망원경 눈과 무쇠팔, 시속 60마일의 속도로 달리는 뛰어난 두 다리를 가진 '육백만 불의 사나이'는 나약한 인간의 한계를 벗어난 사람이었다. 생각해보면 난 그때 이미 인간이 별 볼일 없는 존재임을 눈치채고 있었던 것 같다.

그러고 보면 인간이 지구를 지배하는 이유는 신체적으로 뛰어나서가 아니었다. 인간의 몸은 야생의 그 어떤 동물보다도 약했다. 인간의 생존을 가능케 해주었던 건 인간이 살아남기 위해 만든 도구들이었다. 튼튼한 창과 날카로운 칼, 커다란 해머가 만들어지자 인간은 몇 배나 강한 동물과 싸워 이길 수 있었다. 생존의 방식을 터득한 인간은 도구에 의지하게 되었다. 점점 더 복잡한 기계를 만들기 시작했고 기계가 인간에게 영원한 생명을 줄 것이라고 믿게 되었다. 신체와 기계를 결합하려는 인간의 욕망은 고대로부터 전해진 생존 본능이다. 여섯 살짜리 꼬마가 커다란 달력 뒷면에 세계를 구할 수 있는 친인간적 기계를 마구 그려댔던 것도 그런 이유에서였던 것 같다. 인간의 신체란 기계에 비해 매우 약하며 매우 더디게 발전하는 것이기 때문에.

어린 시절의 로봇 판타지를 되새기게
만드는 상상사진관의 전면과 후면.

건축가 문훈1968~은 상상사진관(2004)을 통해 달력 뒷면에서나 보았음직한 판타지를 건축으로 환생시켰다. 만화영화 「미래소년 코난」에나 나올 만한 커다란 배의 앞부분을 툭 떼어서 거리 한복판에 박아놓았다. 건물 꼭대기에는 항공모함의 통제실을 연상시키는 커다란 덩어리가 올라앉았다. 이 건축을 설계한 이는 영락없이 내 어린 시절처럼 배를 깔고 누워 미약한 인간과 기계의 관계를 고민했을 사람이다. 그는 장편만화를 하나 만들기로 마음먹었다.

우선 커다란 달력 한 장을 휙 찢어 지구 멸망을 코앞에 둔 김 박사의 심정으로 탈출 비행선 그림을 그렸다. 그것은 어쩌면 노아의 방주처럼 심각한 상상이었을 테지만 이미 상상의 세계에 빠진 건축가는 내친 김에 좀더 가보기로 했다.

필경 건축가의 오래 묵은 판타지 속에서 튀어나왔을 법한 이 집은 그가 늘 상상해오던 내러티브 속의 한 장면이다. 그래서 이 집은 건축의 오래된 규칙을 따르기 위해 애쓰지 않는다. 건축을 통해 완결을 추구하려는 갑갑한 모범을 장난스럽게 무너뜨린다. 대신 다른 종류의 욕망을 잔뜩 집어넣었다. 그것은 건축이 화석처럼 땅에 들러붙어 고사되는 것을 원치 않는 건축가의 욕망이다. 그러다 보니 이 집은 건축가의 자유로운 환상과 익살, 나름은 심각한 만화적 내러티브의 결과가 되었다.

미래의 어느 날, 건물 꼭대기에 달려 있는 에어크래프트가 조종사 철이를 태우고 훨훨 날아갈 것만 같다. 그리고 마징가의

상상사진관의 꼭대기. 항공모함이 대기 중인 것만 같은 모양새다.

머리 위로 날아가 멋지게 도킹한 후 악당들과 피할 수 없는 숙명의 대결을 벌일 것만 같다. 이 집을 그린 사람은 어떤 사람일까? 이 집처럼 어수룩한 척하지만 실은 똘똘한 사람? 아니면 집주인 몰래 집을 갖고 노는 사람?

그 장소는 어디로 갔을까?
종로타워

어린 시절 종로는 신기루 같은 장소였다. 종로라는 지명을 어른들로부터 들은 것은 굉장히 어릴 때이지만, 종로에 대한 유년기의 추억은 사실 온전하게 남아 있는 것이 몇 없다. 종로를 물리적 공간으로 인식하고 본격적으로 삶의 기억을 쌓아가기 시작한 것은 스무 살이 넘어서부터였다. 그러니까 내게 스무 살까지의 종로는 현재와는 상관없이 어떤 특정한 과거 시점에 스스로 존재하는 장소였고, 수많은 시간의 겹들이 쌓인 지층을 보는 것처럼 내 상상 속에서 더 생생하게 존재하던 특이한 장소였던 것이다. 마치 구명 튜브에 태워져 방금 전까지 타고 있던 거대한 여객선과 멀어지는 망연한 느낌처럼, 그곳은 일반적인 시간과는 다른 시간을 살아가는 사람들의 공간으로 여겨지곤 했다. 박제 진열품들이 늘어선 장식장을 들여다보듯, 오래된 사진첩을 넘기듯, 종로에서는 어쩐지 묘한 상실감을 느끼곤 했다.

종로에 사과나무를 심자고 말한 사람은 왕년의 톱 가수 이용이다. 그때가 대략 1982년쯤이었으니 꽤 오래전 일이다. 헌데 그로부터 30년이 더 지난 지금까지 나는 종로에서 사과나무를 본 적이 없다. 1982년 초봄, 종각 근처 화신백화점에 갔었다. 강북(종로 어딘가)에서 살다 이사 온 옆집 형의 중학교 입학 준비물을 사러 가는 길이었다. 1982년의 화신백화점, 그때의 낯선 공간적 이질감은 지금도 잊히지 않는다. 백화점의 첫인상은 공포영화에 나오는 박물관 같다는 느낌이었다. 그것도 비싸고 진귀한 것을 전시하는 곳이 아니라 쓰레기장으로 가야 할 애매한 물건들을 한데 모아놓은 기묘한 잡화점에 가까웠다. 나는 놀이공원의 몬스터하우스에 입장한 아이처럼 두려움 반 호기심 반으로 그곳을 헤집고 다녔다. 중·고생을 위한 검은 교복과 모자, 노란 나일론실로 촌스럽게 박힌 싸구려 자수들, 검은 운동화, 백색 고무신, 얼룩말 무늬의 교련복, 고무링과 갑반 등 뭔가 불편한 시대상을 느끼게 하는 당대의 물건을 비롯해 두꺼운 유리상자로 씌운 한복 여인 인형, 독수리부터 사슴 머리를 아우르는 섬뜩한 동물 박제, 비커와 알코올 램프 등의 실험교구, 회관이라는 이름의 음식점에서나 볼 수 있는 촌스러운 색동 방석세트, 원통형 포르말린 액체 통에 든 개구리와 뱀의 사체까지. 지금도 생생하게 기억나는 그 공간의 진열품들은 과연 파는 물건인지 아닌지마저 헷갈렸다.

후에 알게 된 일이지만 화신백화점은 일제시대 순수 우리 자본으로 만들어진 최초의 백화점이었다. 또한 백화점을 설계한

지금의 종로타워 자리에 있던 화신백화점은
일제시대 순수 우리 자본으로 만들어진 최초의 백화점이었다.

박길룡1898~1943은 한국 최초의 근대 건축가였다. 최초가 만든 최초. 1982년의 화신백화점은 긴 시간을 거치며 축적한 시대의 흔적을 지니고 있었다. 하지만 80년대는 이상한 물건을 파는 낡은 백화점의 가치가 무엇인지 이해할 만큼의 성숙한 시대는 아니었다. 지금이라면 혹시 조금 다르게 그 장소의 가치를 이해할 수도 있었겠지만. 1987년, 화신백화점은 그 장소에서 치워졌다. 장소의 추억과 함께. 그리고 종로는 예전에 풍기던 불편한 이질감을 조금씩 벗어던졌다. 백화점이 있던 자리에 새로운 건물이 들어선 것은 21세기를 코앞에 둔 1999년이었다.

1999년은 새로운 밀레니엄을 앞두고 상실감과 허무감, 한편으로는 새 시대에 대한 과잉된 희망이 뒤범벅된 조금은 소란스러운 해였다. 그해 10월, 1987년 철거된 화신백화점 터에 새로운 타워가 완공되었다. 그 건물은 너무나 크고 특이했다. 그 장소에 깃들어 있던 많은 이들의 소소한 기억과 남아 있던 연민마저 사라지게 할 정도로.

사람들은 생각도 못한 커다란 덩치를 보며, 한편으론 매우 산뜻한 느낌으로 그 장소를 이해하기 시작했다. 타워의 물리적 무게감은 이상할 정도로 거의 느껴지지 않았다. 마치 시간의 중량을 다는 계측기가 주황색을 지나 빨간색으로 넘어가다가 일순 리셋 되어 0 근처에서 바늘을 다시 조정한 느낌이랄까. 미국 건축가 라파엘 비뇰리Rafael Viñoly, 1944~는 600년 묵은 종로 한복판에 올릴 새로운 건물을 구상하며, 그간의 세월과 기억을 일거에 소

멸시킴으로써 미래를 이야기하는 간단한 해법을 보여주었다. 그래서 서울의 '워스트' 건축물을 선정할 때면 늘 다섯 손가락 안에 들곤 하는 이 건물은 세월과 기억을 지웠다는 죄목을 얻었다.

외국 건축가 눈에 비친 종로는 불화하고 있는 여러 시대의 불편한 기억들이 대도시의 일상과 뒤섞인 거리, 혼란스럽기만 한 지루한 장소였을지 모른다. 서울에 살면서도 종로라는 특별한 지역을 늘 이방인의 눈으로만 바라봤던 유년기를 더듬어보면, 그런 상상이 부자연스럽지 않다. 분명 건축가는 자신의 건축적 의지와 건축주가 원하는 바에 따라 설계를 했을 것이다. 지극히 이해타산적이며 무미건조한 타자의 눈으로.

1982년 종로를 외계의 장소로 느끼게 하던 화신백화점의 추억을 다시 떠올려본다. 확실하게 설명하기는 어렵지만 불완전한 시대의 증거처럼 진열대에 늘어선 물건들의 기억은 정체불명의 타워가 우뚝 솟은 지금의 풍경과 별반 다르지 않다. 600년 역사의 종로 거리에 군림한 폭력적 괴물이라고 비난받는 이 건물은, 살아 있는 장소를 더는 살아 있지 않은 장소로 해석한 이방인의 판단을 토대로 쌓아올려졌다. 그가 그렇게 판단한 기준이나 생각을 추측하기는 어렵지만, 이방인에게 이 거리의 어수선함을 한 번에 해결하는 일, 그것을 상상하는 과정은 크게 어렵지 않았을 것이다.

비 오는 어느 오후, 그 거리를 걷고 있을 때 구름이 해를 가리며 갑자기 몰려드는 바람에 종로는 한낮임에도 저녁 같은 분

그 옛날 화신백화점 자리에 새롭게 들어선 종로타워.

위기를 자아냈다. 마침 종각 쪽으로 걸어가던 중이었고 수증기를 잔뜩 머금은 도시의 공기는 축축하면서 뿌연 안개를 순간적으로 거리 전체에 흩뿌렸다. 그때 마치 신기루처럼 낮게 깔린 안개 위에 기괴한 형태를 희미하게 표출하던 종로타워는 언젠가 보았던 동물 박제를 떠올리게 했다.

어떤 시절 종로는 그 어감의 울림만큼, 깊은 계곡처럼 모두의 기억에 짙게 새겨졌던 삶의 장소였다. 그리고 종로라는 말과 함께 동시에 떠오르던 건물, 화신백화점은 식민지 시절 우리 거리였던 종로에 침투한 일본 자본 미쓰코시 백화점에 대항하는 도시의 상징물로 한 시대를 풍미했다. 역사적 공간을 우리 손으로 지워버리고 새로운 건물을 올린 뒤 다시 17년의 시간이 흘렀다. 우리가 기억해야 했던 그 장소는 과연 어디로 갔을까.

한국인의 서정
국회의사당

중국의 덩샤오핑이 개혁개방을 시작한 해가 1979년이었으니 벌써 40년이 다 되어간다. 하지만 말이 개방, 개혁이었지 개인의 자유까지 보장한 건 아니었다. 사회주의 권력이 살아남기 위해 택한 자본주의 경제개혁은 인민에게 경제적 혜택을 주고자 한 게 아닌, 체제를 유지하기 위한 몸부림이었다. 사회주의와 자본주의가 뒤섞이던 시대적 혼란 속에서 소위 중국의 아방가르드 예술이 출발했다. 당시는 자본주의를 받아들이는 시대이기도 했지만, 체제를 위협하는 그 어떤 것도 용납되지 않던 혼란스러운 시대이기도 했다. 자유롭고 싶다고 아우성치는 예술가들에게 권력자들이 순순히 너그러움을 보일 리 없었다. 1989년 톈안먼天安門 앞은 말 그대로 아수라장이 된다. 오랜 사회주의의 회색빛 과거를 넘고자 했던 개인들의 자유의지는 유혈사태로 마침표를 찍었다. 집단이기 이전에 개인임을 인정해달라는 그들의 외침은 결코 용납될 수 없었다. 인민들은 절망했고 예술인들과 지식인들은 뿔뿔이 흩어졌다. 개혁은 하되 자유는 없다는 시대. 그 부조리한 현실 앞에서 예술가들이 택할 수 있는 방법은 중국을 떠나거나 어디론가 숨어들어 목숨을 부지하며 조용히 사는 것, 이도저도 아니면 스스로 목숨을 끊는 것밖에 없었다.

아이러니하게도 중국 현대미술이 세계의 주목을 받기 시작한 게 그때부터였다. 개혁개방을 추구한다 했지만 여전히 개인의 자유는 보장되지 않는 사회주의체제. 그 골치 아픈 시대를 살아가는 예술가들의 정신적 혼란 속에서 잉태된 독특한 작품들이 서서히 수면 위로 올라왔다. 빛바랜 흑백사진 같은 몽롱한 그림으로 유명해진 장샤오강張曉剛, 1958~도 그중 한 사람이다.

그는 단도직입으로 드러내지 않고 애매한 형체를 통해 우울한 시대를 그려낸다. '도대체 무엇을 그린 것인가?'라고 질문한들 구체적인 답변을 기대하긴 어려울 것 같다. 마치 초점이 맞지 않는 옛날 사진을 보는 듯 몽환적이며 초현실적인 분위기가 짙게 풍긴다. 어쩌면 지워지지 않는 아픈 기억들을 차마 사실적으로 표현할 수 없어서 일부러 모호한 방식을 택한 것일 수도 있겠다. 옛날 사진첩을 들출 때처럼 가슴이 아련해진다.

그의 1993년 작품 「톈안먼 광장」. 커다란 돌바닥은 온통 칙칙한 회색이고 하늘마저 어둑한 먹구름으로 뒤덮였다. 아마도 현실의 답답한 벽을 표현한 것이리라. 황금색으로 빛나는 톈안먼은 자유를 원하는 중국인민의 미래일 것이다. 이렇듯 회색의 구시대를 넘어 황금시대로 들어서려는 기대와 희망으로, 그 시절 인민들은 현실의 살벌한 벽 앞에서 자유를 부르짖었다. 그림을 살펴보면 볼수록, 어딘지 모르게 배어들어 있는 슬픔이 전해져온다. 못내 아프고 가슴이 저려서 마치 꿈속이었으면 하는 느낌이 스멀스멀 피어오르는 것이다. 그 느낌을 장샤오강은 '중국인의 서정'이라는 멋들어진 말로 표현했다. "나의 예술 감각은 비교적 폐쇄적이고 개인적으로 치우치는 경향이 있는 것 같다. 일반적으로 말하면 나는 우리가 처한 현실과 무거운 역사로부터 적당한 거리를 유지하며 관찰하고 체험하는 데 익숙하다. 그렇다고 내가 속세로부터 떨어져 은둔하려는 것은 아니다."

역사 속으로 진입한 그의 그림은 초현실적이며 실제와는 다른 이질적인 거리감을 보여준다. 1980~90년대의 거친 풍랑을 헤치고 살아온 중국인들은 집단적 우울을 점점 망각해갔고, 시대의 혼란과 우울함은 어느새 그의 그림 속으로 스며들어 역사인 양 말하고 있다. 경제적 개혁뿐 자유는 거부당했던 그 시대의 상처가 여전히 남아 있지만 이제 조금은 흐릿해졌으니, 아프지 않을 만큼만 낭만적으로 보였으면 좋겠다고.

마냥 기분 좋게 바라볼 수 없는 건축, 장샤오강의 그림처럼 흐릿하게 칠을 해서 조금 낭만적으로 바라볼 수 있다면 한결 나을 듯한 건축도 있다. 톈안먼 광장 못지않게 '한국인의 정서'를 담고 있는 우리의 국회의사당이 그런 집이다. 참으로 이 집처럼 말도 많고 탈도 많았던 역사의 현장이 있었던가. 중국인들만큼 슬

현 여의도 국회의사당 전경.

프고 우울했던 지난 시절, 역사의 모든 중요한 결정이 여기서 이루어졌다. 민심을 울리고 웃기다가, 결국엔 대한민국의 현주소를 적나라하게 보여주곤 했던 시대정신의 일번지.

일본의 압제를 벗어나고 난리를 겪어 어수선했던 와중에, 대한민국 국회는 부민관에 터를 잡았다. 그 집으로 말하자면 일제시대 당시 친일문화 공연 및 천황 찬양 연설 등 나라를 강제로 빼앗은 이방인들이 소위 문화활동을 하려고 만든 공간이었다. 심지어 광복 직전에는 마지막으로 폭탄 투척이 이루어졌던, 참으로 다사다난했던 장소다.

부정적인 역사를 쌓은 곳을 떠나려 했던 것인지, 1959년 남산 국회의사당 건립계획이 발표되었다. 공모를 통해 당선된 건축가는 다름 아닌, 당시 28세의 청년 건축가 김수근1931~1986이었다. 바야흐로 그의 시대를 활짝 열어 제친 것이다. 혈기왕성했던 청년 건축가는 그 집을 완성시킬 수 있었을까.

1961년 박정희가 집권하자 국회의사당 건립은 흐지부지되고 말았다. 탱크와 군인들을 앞세워 정권을 잡은 그가, 국회의원들의 말잔치를 위한 국회의사당에 관심을 둘 이유는 없었다. 그의 선글라스만 봐도 모두 벌벌 떨던 그 시절, 국회란 그야말로 독재자를 위한 거수집단의 의미 이상도 이하도 아니었다.

그로부터 7년 뒤인 1968년에 여의도 국회의사당 건립계획이 발표된다. 나라님을 몇 년 하다 보니 생각이 바뀐 것일까. 대지 33만 578제곱미터에 8만 2,644제곱미터짜리 건물을 짓는다

는 계획이었다. 내로라하는 국내 유명 건축가들이 응모했는데 그
중 중견 건축가 김정수1919~1985의 설계안이 당선된다. 원안은 반
듯하고 정갈한 상자형 건물로 계획되었다고 하는데 정부가 개입
해서 당선 안을 여기저기 뜯어고쳤다는 후문이 있었다. 그래서인
지 지붕 위에는 미국과 유럽의 주요 관공서에서 많이 본 듯한, 어
정쩡한 초록색 돔이 얹혔고, 거대한 건물의 처마 밑엔 다분히 장
식적이며 위압감을 주는 기둥들이 줄줄이 늘어섰다. 말로는 다
양한 민의를 표현하는 전통 양식의 민흘림기둥 스물네 개를 세운
것이라고 했지만, 그 시대 정국을 돌이켜보면 제국에 충성을 다
하겠다는 호위병의 도열이나 다름없었다.

국회의사당은 여전히 불우했던 시대정신을 간직한 채 여의
도에 우뚝 서 있다. 장샤오강식으로, 이 건축물을 결코 평탄치
않았던 지난 60년의 세월을 견딘 '한국인의 서정' 쯤으로 이해할
수도 있을 것이다. 한 시대의 아이콘이었던 국회의사당은 표면적
인 의식을 넘어 종종 우리의 무의식을 잠식한다. 볼 때마다 왠지
우울하고 즐겁지 않으며, 걱정이 앞서는 느낌은 지난 세월의 경험
에서 얻은 것이리라.

이럴 땐 건축과 시대정신이 전혀 별개의 문제였으면 좋겠다.
허물 많은 건축이 불운한 시대와 따로 살다가 조용히 사라진다
면, 사람들은 좀더 행복해질 수 있을지 모른다. 1969년 제헌절에
삽을 떠서 1975년 광복절에 완성된 대한민국 정치 일번지 국회의
사당만큼 지난 시대와 현재, 미래를 한꺼번에 아울러서 상징하는

국회의사당의 스물네 개 기둥은 호위병이 도열한 듯 보인다.

유물이 있을까. 지금도 이곳을 들락날락 하는 수백 명의 국민대표들은 여전히 시대정신을 들먹이며 국민을 위한다는 핑계로 우리를 울리고 웃기지 않는가.

독일의 건축가이자 정치가인 알베르트 슈페어는 "기념해야 하는 것과 거대한 것의 의미가 일맥상통하는지 세계 방방곡곡 제국이 있던 곳, 독재자가 있던 곳의 모습은 어딘가 조금씩 닮았다"라고 말했다. 또한 "그들의 집은 육중한 기둥이 충성을 맹세하듯 도열해 있고, 거대한 돔으로 장식되어 있다. 그것은 모든 권력자들의 노스탤지어다. 자신이 거머쥔 세계가 영원히 지속되길 기대하는 꿈이다"라는 말도 덧붙였다. 슈페어는 그것이 그들이 바라던 건축이고 도시였으리라 말하면서, 권리 위의 힘을 권력이라고 믿는 그들은 오랜 시간이 흘러도 사람들이 자신의 이름이 새겨진 비석에 열광하길 염원했으리라 추측한다.

때로는 우리 존재가 과거 독재자의 자취로부터 벗어나지 못하고 현재의 시대와 불화함을 느낀다. 국회의사당이, 세월이 좀 더 흐른 뒤에는 시대정신과 어긋나지 않는 쓰임새를 갖게 되기를 기대한다. 모든 이에게 개방되는 '현대정치사 박물관'이면 어떨까? 후대 사람들이 집을 통해 민주화 과정에 대해, 이를 이루기까지의 고통에 대해 곱씹어볼 수 있다면 그것이야말로 더할 나위 없는 리모델링일 듯싶다.

낡은 장소에 새로움을 입히다, 리노베이션

리노베이션이라는 단어를 떠올리면 몇 해 전 가을 묵었던 상하이의 호텔 기억이 난다. 세련된 부티크 호텔이었는데 건물 곳곳에 가늠할 수 없는 세월의 때가 묻어 있었다. 1층 현관 계단 옆에 달린 황동 손잡이, 바닥 카펫 밑에서 삐그덕거리는 세월의 소음들, 천장에 매달려 힘겹게 돌아가고 있는 낡은 선풍기, 창밖 이끼 긴 석재 창틀 등. 지은 지 150년쯤 된 건물이라 했다. 처음엔 관공서였고 이후엔 은행과 사무실로, 그다음엔 아파트로 쓰이다가 마침내 호텔이 되었다고 들었다. 건물 골조는 처음 것 거의 그대로 쓰이고 있을 텐데 안의 내용물은 30~40년 주기로 여러 번 바뀌었으니 공간에 쌓여 있는 이야기와 시간의 두께가 만만치 않았다. 돌아다녀보니 상하이라는 도시 전체가 이런 식이었다. 방직공장 단지가 변해 생긴 갤러리와 예술가들의 작업실이 하나의 군집을 이루고 있는 타이캉루 골목, 가축 도살장에서 고급 레스토랑과 숍, 갤러리가 복합된 문화공간으로 변신한 1933 라오창팡, '신천지'라 불리는 세련된 번화가도 100년 전 건물들을 바탕으로 재생시킨 리노베이션 공간이었다.

최근 들어 세계적인 도시와 기업들은 리노베이션을 통해 경제적 부가가치와 문화적 효과를 얻으려는 크고 작은 다양한 시도를 벌이고 있다. 특히 브랜드 마케팅 측면에서 공간 체험 전략은 이미 세계적 트렌드가 되었다. 그중에서도 소비문화와 문화예술의 중간에 서서 특별한 브랜드를 구축하고 있는 프라다PRADA는 '과거와 현재의 접목'이라는 개념으로 다양하고 적극적인 아트 프로젝트를 세계 곳곳에서 진행하고 있어 주목해볼 만하다. 특히 2009년 서울 경희궁을 무대로 펼쳐진 특별한 이벤트는 아직도 생생하다. 일명 〈트랜스포머 프로젝트〉, 박제된 과거 속에 움직이는 미래를 조화시키는 파격적 프로젝트였다. 우린 프라다의 트랜스포머 프로젝트를 통해 그들이 서울이라는 도시를 어떻게 바라보고 있는지 알아챌 수 있었다. 그들은 전통과 현대가 뒤섞여 있는 역동성으로 서울을 읽었고 그 결과를 프라다의 브랜드 비전과 연결했다. 600년 고도의 고즈넉하고 조용한, 마치 화석 같은 궁궐과 대비시켜 '움직이며 모양이 변하는' 건축물을 세웠다. 프로젝트를 맡은 디자이너는 건축가 렘 콜하스. 그는 수백년간 한자리에 박혀 있는 궁궐을 배경으로 '건축물은 왜 움직이지 않는 걸까요?'라는 질문을 던졌다. 건축이 정지되지 않은 가변적 존재라는 것을, 모양과 공간이란 필요에 따라 얼마든지 변할 수 있다는 것을 보여주고 싶었던 것이다. 그리고 6년이 지난 2015년 봄, 그 질문의 연장선에 있을 법한 렘 콜하스의 프라다 파운데이션 아트 콤플렉스가 오픈했다. 기획부터 완성까지 무려 7년에 걸쳐, 밀라노 남부 산업단지 라르고 이사르코 Largo Isarco의 옛 증류주 양조장 터에 프라다 재단의 새로운 본거지를 완성한 것이다. '확연히 다른 두 가지 요소의 공존'이라는 프라다 특유의 방향성을 기반으로 전체 면적 1만 9,000제곱미터 규모에 도서관, 전시실, 극장, 카페 등의 프로그램을 결집시켰다. 기존 다섯 개 공장 건물 사이사이에 새로운 건물 세 개가 끼어 들어가거나 덧붙여지는 방식으로 설계된 새로운 공간은, 건물을 하나씩 통과해가면서 과거와 현재의 공존을 장소적으로 체험할 수 있는 것이 특징이다. 고대 로마 석상부터 최신 현대미술까지 망라된 전시품들은 1910년대에 지어진 기존 건물의 시간성을 바탕으로 새롭게 재생된 공간에서 한층 특별한 아우라를 걸치고 관객들과 만난다. 건축가 렘 콜하스는 기존의 공장 실험실과 작업 공간, 물탱크, 창고 등 원래 공간의 자리와 형태를 변경하지 않고 보존하면서 100년의 시간차가 유발하는 긴장감을 공간의 정체성으로 만들고자 했다. 이에 최소한의 공간 변형만으로 어린이 도서관, 카페, 전시장을 메인 프로그램으로 극장, 타워, 인포메이션 센터 등이 추가로 신설되었다. 관람객은 은연중에 공간 체험을 통해 옛것을 소중히 여기는 프라다의 태도를 호의적으로 받아들이게 될 것이다. 공간 재생을 통한 적극적 기업 마케팅 사례랄까. 시

공간을 다루는 그들 특유의 예술적 감각이 긴 수리 과정을 통해 공간 곳
곳에 섬세하게 표현되어 있다.

한편 런던 템즈 강에는 유명한 랜드마크인 배터시 화력발전소Battersea
Power Station가 있다. 뜬금없지만 혹시 1977년 발매된 핑크플로이드 10집
「ANIMALS」를 기억하시는지. 표지에 네 개의 큰 기둥과 벽돌 건물이 그려
져 있는 앨범으로, 이 그림 속 건물이 바로 배터시 화력발전소다. 20세기
초 지어진 산업시대의 유물로 1983년 가동을 멈추고 무려 30년간 철거와
보존 사이에서 다양한 논쟁을 거듭해오다 최근 보존과 재개발을 동시 진
행하는 방향으로 최종 확정되었다. 빌바오 구겐하임 미술관으로 스페인
북부의 이름 없는 도시를 세계적 명소로 재탄생시킨 프랭크 게리와 영국
의 스타 건축가 노먼 포스터의 공동 설계가 현재 진행 중이다. 복잡한 이
해관계가 개발 시점을 늦춘 면이 있긴 하지만, 최적의 답을 찾기 위해 오
랜 시간 굴뚝 시설물을 폐허로 방치하며 결론을 끌어낸 관련 협의체 구
성원들의 인내심이 놀랍다. 어떻게 할까를 고민하는 동안 발전소가 스스
로 산업시대 '유적'으로서 명성과 정체성을 갖추게 될지 그들은 알았을까.
어쨌든 방치된 긴 시간 동안 발전소는 의미 있는 폐허로서 인문학적 존재
감을 스스로 획득했고 현재는 1,200세대의 주거시설과 쇼핑 공간, 도서관
이 통합된 새로운 도시 공간으로 거듭나는 과정 속에 있다. 결과가 나오
기 전에 이미 결과물의 효과를 누리고 있는 바람직한 리노베이션 사례가
아닐는지. 대규모 재개발 프로젝트도 2~3년이면 뚝딱 해치우는 우리 기

준에서 보자면 부러운 일이다. 도시를 바라보는 관점과 기본 접근방식에서 적지 않은 차이를 발견하게 된다. 물론, 나중에 결과를 보고 판단할 일이긴 하지만.

그럼 우리는 어떤 상황일까. 서울만 보더라도 모두의 명소가 된 선유도공원(구 서울 정수장터)부터 얼마 전 소격동 옛 기무사 터에 들어선 국립현대미술관 서울관. 도서관으로 재생한 서울시의 옛 청사 등등 다양한 공간과 장소가 속속 탄생하고 있다. 얼마 전 큰 이슈가 되었던 서울역 고가도로 공원화 재생 계획은 개발 효과에 대한 협의체의 갑론을박이 거듭되는 중이다. 방치된 세월만 치면 배터시 발전소에 밀리지 않을 세운상가는 리노베이션을 곧 앞두고 있고, 올 가을 착공 후 문화공공시설로 변신할 마포 석유비축기지 재생 사업은 산업 유물을 새롭게 조명하는 계기가 될 것으로 기대를 모으고 있다.

급격한 압축 성장을 겪어온 우리는 각지의 공업단지, 발전소, 폐광 등 이미 넘칠 만한 산업 재생 자원을 지니고 있다. 하지만 옛것과 새것을 섞는다는 식의 피상적 레시피만으로 과연 좋은 결과를 담보할 수 있을지는 모르겠다. 최근 '재생' 그 자체가 하나의 유행으로서 목적 그 자체가 되어버린 듯한 추세를 감안해보면, 과거와 현재의 접목을 통해 각박한 현대사회에 느린 시간의 장소를 제공하여 시간을 음미한다는 본래 취지는 사라진채 사업을 위한 사업만 남는 건 아닌지 걱정이 되기도 한다. 모든 것을 팔다가 이젠 도시의 시공간까지 상품으로 값을 매겨 파는 극단의 자본주의

시대지만 변하지 않는 공간의 가치, 지켜야 할 장소의 의미는 분명히 있
다. 그것이 무엇인지 숙고해보는 시간이 반드시 필요하다. 중요한 과정을
생략한 리노베이션이 토건사업에서 벗어나 문화사업으로 빛을 발하는 건
불가능하지 않을까. 과거의 향수를 더듬는 감성팔이에 머물지 않고 낡은
장소에 새로운 이야기를 입히는 현재를 넘어 특별한 미래로 '진화'하는,
살아 있는 리노베이션을 꿈꿔본다.

2부

예술의
가장 좋은
친구

어느 구도자의 삶
구엘 공원

바르셀로나를 가고 싶은 도시로 만드는 이유를 하나만 고르자면 안토니 가우디Antoni Gaudi, 1852~1926의 건축물일 것이다. 전무후무라는 말이 어울릴, 독보적인 건축물이 그곳에 있다. 가우디는 인류 역사상 가장 위대한 상상력을 지닌 건축가였다. 그는 자신이 나고 자란 카탈루냐 지방의 자연환경으로부터 얻은 영감을 건축으로 형상화하는 작업에 평생을 몰두했다. 1882년 착수한 그의 마지막 작품 사그라다 파밀리아 성당(성가족성당)은 그가 사망한 1926년 이후 90년이 지난 현재까지도 공사가 진행되고 있다. 해마다 연간 750만 명의 관광객이 가우디의 공간을 만나기 위해 바르셀로나를 찾는다.

가우디는 1852년 스페인 카탈루냐 지방의 레우스라는 작은 도시에서 태어났다. 그는 기술자 집안 출신으로 그의 아버지는 솜씨 좋은 구리세공업자였다. 당시는 유럽대륙이 근대적 산업

현재까지 공사가 끝나지 않은 사그라다 파밀리아 성당의 모습.

사회로 급속한 변화를 겪던 시기였다. 스페인의 수도 마드리드는 정치적·경제적으로 권력과 자본이 집중되던 카스티야 지방의 중심지였다. 마드리드에는 돈 많고 힘 있는 귀족과 자본가 들이 모여 살았다. 자연스럽게 카스티야의 주도로 스페인이 하나의 국가로 통합되던 시기였다. 카탈루냐 출신의 예술가들은 바르셀로나를 중심으로 활동하면서 카스티야 지역과는 확실히 구별되는 정체성을 작품 속에 표현했다.

카탈루냐에는 품질 좋은 석재와 강렬한 태양빛이 넘치도록 풍부했다. 그 덕분에 지중해안 지방의 낭만주의를 바탕으로 중세 고딕과 로마네스크, 바로크풍이 혼합된 독특한 건축물들이 바르셀로나에는 많았다. 그런 환경 속에서 건축을 익힌 가우디는 자연스레 '직선'은 인간이 만들어낸 인공적인 선이고 '곡선'이야말로 신과 소통할 수 있는 영원불멸의 선이라고 믿었다. 그는 실제 설계 작업에서 직선을 배제하고 곡선을 존중했다. 그에게 자유분방한 곡선은 카탈루냐 어느 곳에서나 볼 수 있는 지역적 풍광을 재현한 결과였다. 그가 남긴 건축물들이 곤충의 몸체를 닮거나 강한 생명력을 지닌 올리브 나무의 구조미를 연상케 하거나, 광활한 지중해의 풍경처럼 먹먹한 아름다움을 주는 이유는 그 때문이다. 하지만 그의 건축은 당대의 인정을 받기 힘들었다. 오히려 서양 고전주의 전통의 엄격한 건축양식과 동떨어진, 희한하고 기괴한 집을 만드는 이상한 건축가 취급을 받는 일이 허다했다.

자칫 혼자만의 예술로 끝날 수도 있었던 가우디의 건축 인생은 구엘 백작과의 운명적 만남 이후 전환점을 맞게 된다. 1878년 파리박람회를 관람 중이던 구엘 백작은 가우디가 출품한 가구 디자인을 보고 감명을 받는다. 그들은 단순한 후원자와 건축가의 관계를 넘어 인생의 파트너로서, 나아가 예술적 동지로서의 특별한 관계로 만남을 발전시켜나갔다. 가우디는 오랜 세월 구엘가家의 전속 건축가로 일했다. 구엘가의 별장, 구엘가의 주택, 구엘가의 성당 등이 가우디의 작품으로 차례차례 탄생했다. 그중 바르셀로나를 대표하는 가우디 건축세계의 정점 구엘 공원(1914)은 건축가의 영역에 있던 가우디를 독창적인 작품세계를 가진 확고한 예술가의 길로 들어서게 했다.

당초 구엘 공원의 입지는 공원에는 적합하지 않은 험한 야산지형이었다. 가우디는 유기적인 곡선을 지향하는 자신의 디자인 철학에 맞게, 불리한 지형을 인공적으로 파괴하거나 잘라내지 않고 있는 그대로의 모습을 살리면서 공원을 만들어나갔다. 숲을 유지하고 최소한으로 지형을 조정하면서, 공원을 관통하는 다양한 길은 주어진 환경에 맞게 구불거리는 형상으로 만들었다. 그는 인공적 건축물에서 머물지 않고 마치 하나의 생명처럼 살아 움직이는 공간감을 상상했던 것이다. 공원을 산책하다 보면 거대한 동물의 내장을 통과하는 느낌이 든다. 꿈틀거리는 벽을 지나면 뼈대나 껍질처럼 보이는 구조물이 나타난다. 그러다가는 또 뱀처럼 길게 구불거리는 동굴 같은 통로가 나오고 누군가 손으로 대충 빚은 듯한 기둥과 벤치들, 쪼개진 타일을 모자이크처럼 붙

구엘 공원은 가우디의 건축 철학을 반영해,
험한 입지를 파괴하지 않고 그대로 살린 채 조성되었다.

여서 장식한 건물의 벽면들이 순차적으로 방문자를 맞이한다. 동화에서나 나올 법한 공간들이다. 구엘 공원에는 현실세계를 초월한 특별한 예술적 경지가 살아 있다. 자신만의 공간을 창조하려 한 위대한 건축가의 열정이 살아 숨 쉬고 있는 것이다.

가우디의 건축은 틀을 짜고 고형물을 부어 굳힌 후 구조체를 만드는 일반적인 방식과는 다른 구법을 택한다. 돌과 돌이 이어지는 면을 고려하여 면을 깎고 서로 어긋나지 않도록 가공 한다. 그리고 가공된 돌을 올려 하나하나 맞추어 이어붙이고 쌓아서 올린다. 조금이라도 어긋나거나 서로 균형이 맞지 않는다면 구조적으로 문제가 발생할 것이다. 집을 뜨개질하듯 조각조각 만들어 이어 붙여야 가능한 일이다. 외부를 장식할 때도 마찬가지였다. 비싼 값을 들여 공수한 이탈리아산 최고급 타일을 현장에서 바로 깨뜨려서 그 조각들을 하나씩 모아 붙였다. 태고의 자연환경을 연상시키는 특유의 유기적 조형성과 자유분방함은 거저 얻어지지 않았다. 마음에 꼭 드는 모양이 만들어질 때까지 타일을 붙였다가 다시 떼어냈고, 또다시 붙였다 떼어내기를 수없이 반복하는 집요함이 필요했다.

그런 건축을 가능하게 했던 원동력은 인공적 기술의 도움을 최대한 배제하고 자연적 방식으로 집을 짓고 싶은 순수한 의지였을 것이다. 이미 다양한 현대 건축시공 기술이 성행하던 시기였지만 그는 굳이 사람 손으로 하나씩 확인해서 만들어가는 길을 택했다. 가우디는 믿었다. 쉽지 않은 방식이긴 해도 자연의 방식으로 하나씩 직접 붙이고 쌓아 만든 건축물이야말로 인간이 축조할 수 있는 가장 완벽하고 아름다운 건축물이라는 것을.

인간은 크게 두 부류가 있습니다.
언어의 인간과 행동의 인간이지요.
언어의 인간은 말하며 행동의 인간은 실천합니다.
저는 두 번째 부류의 인간입니다.

_안토니 가우디

바르셀로나를 대표하는 그의 유작 사그라다 파밀리아는 여전히 짓는 중이다. 그는 구엘 공원이 완공된 1914년 이후엔 다른 건축물 의뢰를 전혀 받지 않고 성당 공사에만 모든 역량을 집중했다. 작업실도 아예 공사 현장으로 옮기고 숙식을 해결하며 거의 구도자와 다름없는 생활을 이어갔다. 1926년 어느 날, 그는 새벽 산책길에 마차에 치여 누구보다 치열했던 생을 마감했다. 그가 완성하지 못했던 성당은 이후 현재까지도 여전히 완성을 향해 가고 있다. 많은 여행자들이 가우디의 건축물을 보러 가는 것은, 단지 건축을 감상하기 위해서만은 아닐 것이다. 가우디의 건축물과 대면하는 것은 영원히 살아 있는 어떤 인간의 예술혼을 만나는 일에 가깝지 않을런지.

맞잡은 두 손이 되어
롱샹 성당

기도를 올리는 부부의 모습이 애처롭게까지 보이는 밀레Jean-François Millet, 1814~1875의 「만종」은 어떤 성화보다도 종교적인 그림이다. 19세기 중반 유럽의 어느 농가에 살았을 법한, 한눈에 봐도 남루한 옷차림의 부부가 두 손을 맞잡고 신께 기도를 올리고 있다. 그 모습에서 풍기는 경건한 느낌 탓인지 그림 속을 빠져나온 성당의 저녁 종소리가 귓가를 울린다. 부부가 밟고 서 있는 질박하고 거친 흙이 그들의 녹록지 않은 삶을 고스란히 말해주는 듯하다. 볼 때마다 가슴이 먹먹해지는 그림이다.

밀레는 주로 농가의 풍경을 그렸다. 그렇다고 마냥 한가로운 목가적인 그림들은 아니었다. 밀레의 작품에는 삶에 힘겨워하는 사람들이 유난히 많이 등장한다. 「만종」에서도 부부의 짙은 시름과 슬픔이 아련하게 전해진다. 고개를 반쯤 숙이고 기도하는 남자의 깊은 눈매와 선 굵은 얼굴에서 고단한 일상을 짐작할 수 있

장프랑수아 밀레, 「만종」, 캔버스에 유채, 55.5×66cm, 1857~59년, 파리 오르세미술관.

다. 그의 부인으로 보이는 여인은 두 손을 꼭 맞잡고 기도에 전념하고 있다. 여인의 맞잡은 손에서 짐작하기 어려운 절박함이 느껴진다.

「만종」의 원제는 'L'Angélus', 즉 '기도'를 뜻하며 이는 가톨릭교의 삼종기도를 말한다. 하루에 세 번 울리는 종소리에 맞추어 신께 올리는 기도다. 아침, 점심, 저녁마다 성당의 종소리가 울리면 마을 사람들은 일손을 멈추고 기도했다. 이 가운데 저녁에 울리는 종을 만종晩鐘이라고 한다. 엄숙한 자세로 기도하는 부부 앞에 놓인 허름한 광주리가 보인다. 여인의 모습이 워낙 간절해, 광주리 속에 병으로 세상을 떠난 부부의 아기가 있었던 것은 아닐까 하는 추측도 있었다. 가난한 부부가 아기를 저세상으로 보내면서 가졌을 슬픔과 한탄, 신에 대한 원망을 그림을 통해 표현하려 했던 것이 본래의 「만종」이라는 것이다. 하지만 광주리를 가득 채운 것이 부부가 오후 내내 허리를 굽히고 밭에서 캐냈을 감자였다 해도 그림이 건네는 울림이 옅어지지는 않는다. 그림을 보면 황량한 들판의 적막을 깨며 울려퍼지는 저녁 종소리가 들리는 듯하다. 남루한 옷차림의 부부가 신에게 기도를 드리는 모습만으로도 삶의 고단함과 엄숙함이 차고 넘치게 느껴진다.

「만종」의 종교적 울림은 일반적인 성화처럼 노골적이지 않기에 더욱 생생하게 다가온다. 이 그림을 통해 사람들은 신앙과 삶의 관계에 대해 더 진지하게 뒤돌아볼 수 있을 것이다. 가난한 부부의 절박하지만 숭고한 모습과 들판을 지배하는 모호한 종교적 실루엣을 통해, 밀레는 예수와 천사와 마리아가 등장하는 어떤 그림보다도 탁월한 종교적 서정성을 보여주었다. 바로 사람이 신에게 전적으로 마음을 의지했을 때 얻어지는, 역설적인 의미의 평화와 안식 말이다. 그리고 100년이 지난 후 건축가 르 코르뷔지에는 프랑스 동부의 작은 마을에서, 전혀 성당 같지 않은 성당으로 밀레의 「만종」에 비견할 종교적 서정성을 보여준다. 이 역시 종교 상징물은 보이지 않고 밀짚모자를 눌러쓴 가난한 농부를 떠올리게 하는 은유 가득한 집이다.

> 나는 이 성당을 건축하면서 침묵, 기도, 평화, 영적 기쁨의 장소를 만들고자 했다.
>
> _르 코르뷔지에

롱샹 성당(1950)이라 불리는 이 집의 본래 이름은 노트르담 뒤 오Notre Dame du Haut이다. 프랑스의 작은 시골 마을이던 롱샹은 제2차 세계대전 당시 연합군과 독일군이 대치하던 최전선이었다. 당국은 독일군의 폭격으로 사라진 원래의 성당을 다시 짓기 위해 당시 최고의 건축가였던 르 코르뷔지에에게 설계를 의뢰했다. 처음에는 거절했다던 그도 거듭되는 요청을 이기지 못해 결국은 수락했다고 한다. 거절 이유를 짐작해본다면, 당시의 그가 줄곧 내세웠던 현대 건축의 개념과 디자인이 과연 롱샹이라는 지역의 분위기와 잘 어울릴 수 있을까 하는 스스로의 의문 때문이

르 코르뷔지에가 건축한 롱샹 성당의 모습.

었을 것 같다.

르 코르뷔지에는 '집은 살기 위한 기계다'라는 도발적인 개념으로 20세기 초 세계 건축의 흐름을 선도했다. 대량생산체제하에서 만들어지는 공산품 같은 집을 예찬했고, 건축의 공학적 표준을 위해 여러 가지 원칙을 발표했다. 하지만 롱샹의 성당은 공학적 접근만으로는 짓기 힘들었고, 그가 강하게 주장해왔던 20세기 건축 표준에 부합하는 집도 아니었다.

집이란 사람이 살기 위해 짓는 것이다. 따라서 편리한 삶을 보장하는 기능과 합리성이 무엇보다 중요하다. 하지만 때로는 기능과 합리성보다 더 중요한 요소가 있다. 롱샹 성당처럼 장소가 특별한 경우가 그렇다. 이곳에는 1500년 전부터 성당이 존재해왔다. 오랜 세월 동안 종교적 기적이 여럿 있었다 하여 순례자들이 성소로 여기는 장소였다. 한편으로는 전략적 요충지로서 전쟁만 벌어졌다 하면 뺏고 뺏기는 일이 거듭되었다. 덕분에 부서지고 깨지는 수난을 여러 번 겪었다. 번개에 맞거나 포탄이 떨어져 훼손되는 경우도 있었다 하니, 참으로 고단한 세월을 인내하며 버텨온 장소인 것이다.

그 때문일까. 르 코르뷔지에는 롱샹 성당을 그 어떤 치열한 고난 속에서라도 살아남을 것 같은 굳건한 구조와 독특한 형상으로 빚어냈다. 우리가 흔하게 떠올릴 수 있는 전형적인 성당의 형식과는 전혀 다르고 이 지역의 목가적인 자연환경과도 그다지 어울리지 않아 보이는 다소 괴상한 형태다. 건설 당시에는 기괴하다

견고하고 독특한 구조를 지닌 롱샹 성당의 외부와 내부.

며 그리 좋은 평을 받지 못했던 이 건축물은, 이제 20세기 현대
건축사에서 손꼽히는 미학적 작품으로 평가받고 있다.

롱샹은 프랑스 동쪽 끝의 작은 농촌 마을이다. 언덕을 오르
다 보면 성당 주변은 하늘이 쏟아질 듯 가깝고, 동산의 푸르름이
가득하다. 일정한 형태가 없기 때문에 성당 주변을 도는 동안 보
이는 4면의 형태가 모두 다르다. 주형 틀을 짜서 석고상을 만들
듯이, 콘크리트의 특성을 최대한 이용하여 경직된 직선을 배제하
고 최대한 부드러운 곡선으로 자신의 건축철학을 형상화했다. 마
치 빛의 파편을 담는 광주리가 어지럽게 벽에 붙은 것처럼 창이
뚫린 측벽 콘크리트 두께는 최대 2미터에 이르는 곳도 있다. '성당
이라기 보단 방공호'라던 당시의 혹평도 어느 정도 수긍이 간다.

그는 조개껍질에서 성당의 아이디어를 얻었다고 하지만, 집
의 독특한 형태에 대해 사람들은 이런저런 의견을 내놓는다. 거
대한 범선의 앞머리 같다고도 하고 물 위에 떠 있는 오리 같다고
도 한다. 하지만 그중 가장 공감되는 비유는 기도할 때 맞잡은 두
손의 형상이라는 것이다.

롱샹 성당에서는 해마다 두 번씩 순례객을 위한 미사를 집
전한다. 건물 뒤편에 설치된 야외 제단 앞에는 수많은 방문자들
이 모인다. 위로는 하늘, 아래로는 초목인 롱샹 지방의 너른 구릉
지에 운집한 이들은 때로는 각자의 삶에 대해 감사하며, 때로는
애처롭게 고할 것이다. 그리고 그들의 맞잡은 두 손을 모아 롱샹
성당은 커다란 두 손을 지붕삼아 하늘로 향한다. 크고 작은 회한

과 소망, 감사의 파편들은 다닥다닥 붙은 창문으로 스며들어 어두룩한 실내를 빛으로 수놓는다.

　　권위와 위세를 위해 크기와 양에 치중하는 현대의 종교는 종종 지나치게 노골적으로 사람들에게 위압감을 준다. 사람들의 죄책감을 일으키고 그 대가로 천국행 티켓을 팔며 사람들의 호주머니를 노리는 것이 종교의 본질이 아니라면, 종교란 두꺼운 벽과 하늘을 찌르는 첨탑을 스스로 허물고 세상 밖으로 나와야 한다고 믿는다. 내가 생각하는 종교의 가장 큰 미덕은 가난한 이들의 기도를 모아 하늘에 전하는 것이기에. 롱샹, 그 작은 마을 언덕에 홀로 서 있는 '맞잡은 두 손'처럼 말이다.

백자와 여자
뉴욕 구겐하임 미술관

몇 해 전 뉴욕 크리스티 경매장에서 보름달 모양의 심심하기 그지없던 항아리 하나가 십수억 원에 팔린 적이 있었다. '달항아리'라 불리는 조선의 백자다. 둥그스름한 몸에 아무런 장식도 없는 커다란 항아리다. 푸짐한 원형의 자태가 보름달을 떠올리게 한다고 이름 붙여진 모양이다. 실제로 달항아리가 만들어진 18세기는 조선시대를 통틀어 가장 아름다운 백자의 시대였다. 그 시절 조선 땅 어딘가에 살았던 무명의 도공이 빚었을 저 항아리. 중국청자의 화려한 장식도, 일본도기의 세밀한 가공도 없는 무색무취의 이 항아리에 대체 무슨 맛이 있기에 현재까지 높은 예술적 가치를 인정받고 있는 걸까?

17세기 초 명나라의 신하국을 자청했던 조선은 중국의 주인이 청나라로 바뀌는 난감한 상황에 처했다. 그때까지 조선의 선비들이 오랑캐라고 멸시했던 여진족이 세운 나라가 청나라였

크리스티 경매장에서 엄청난 가격에 낙찰된 달항아리.

기 때문이다. 더욱이 이때는 임진왜란(1592~1598)의 상처가 아물기 전이었다. 대륙의 새 주인은 조선을 향해 병자호란(1636)을 일으켰다. 군주와 신하의 관계를 거부하는 작은 나라의 버릇을 고치기 위함이었다. 그렇게 연거푸 큰 전쟁을 치른 조선의 땅은 황폐해지고 백성들은 더욱 피폐해져갔다. 조선은 변화의 시대가 오고 있음을 느꼈다. 우리 것은 우리 안에서 찾자는 움직임이 서서히 일어났다. 조선 후기, 소위 신新문화를 추구하는 실학이 등장한 것이다. 그리고 실용의 바람은 전국 방방곡곡으로 널리 퍼져갔다. 이는 지금껏 조선을 지배했던 쓸데없는 겉치레에 대한 처절한 반성이기도 했다.

온 나라가 변혁의 몸살을 앓던 이때 꿋꿋이 성의를 다해 그들만의 백자를 만든 이들은 이름 모를 도공들이었다. 역사적 배경이야 어떻든 간에, 그들이 빚어낸 백자에는 사대부가 아닌 민초들이 품었던 우리의 정서, 그 본질적 감성이 은은하게 표현되어 있다. 모양은 왜 저리 투박할까, 빛깔은 왜 저리 단순한가 하며 나름의 잣대로 백자를 평한다는 건 내게 무의미해 보인다. 18세기를 살았던 무명의 도공이 하루를 때울 요량으로 풍류가나 흥얼대며 빚었을지 모를 항아리에 대한 후대의 평가란 것이 대체 무슨 소용이겠는가.

간결함과 생략, 절제를 통해 무한을 추구했던 화가 김환기1913~1974는 백자를 일컬어 "둥글다 해서 같지가 않다. 그 흰 빛깔이 모두 다르다. 단순한 원형이, 단순한 순백이 그렇게 복잡하고 그렇게 미묘하고 불가사의한 미를 발산할 수가 없다. 싸늘한 사기지만 살결에는 다사로운 온도가 있다. 내가 아름다움에 눈뜬 것은 우리 항아리에서 비롯되었다"라고 예찬했다. 그가 발견한 백자의 멋은 어미의 품처럼 다사로운 온기, 두부처럼 보드라운 표면, 신비한 촉감이다. 어쩐지 흠모하는 여성을 그리는 듯하다. 연서라고 봐도 무방할 정도다.

한편 유유상종이라 했던가. 김환기의 친구였던 전 국립박물관장 최순우의 연서 역시 만만치 않다. "원의 어진 맛은 그 흰 바탕색과 아울러 너무나 욕심 없고 너무나 순정적이어서 마치 인간이 지닌 가식 없는 어진 마음의 본바탕을 보는 듯한 느낌이다." 그는 또 이런 말도 했다. "우리네 흰 의복과 백자 항아리의 흰색은 같은 마음씨에서 나온 것이라고 해야겠다."

최순우는 덧붙여 부잣집 맏며느리 같은 후덕함이라고 찬사를 보냈고 시골아낙의 풍성한 자태라고도 표현했다. 과연 백자는 조선 여인네들의 인자하고 후덕한, 마음 좋은 넉넉함과 닮아 있다.

내친김에 일본의 예술사가 야나기 무네요시柳宗悦. 1889~1961가 그의 저서 『조선과 예술』에서 밝힌 백자에 대한 이야기 한 토막을 꺼내본다.

동서를 막론하고 시대가 갈수록 기교가 복잡해진다. 그럼에도 흥미로운 예외를 조선의 백자에서 찾을 수 있다. 그 아름다움은 단순으로의 복귀다. 자연에 대한 신뢰야말로 조선 말기 예술의 놀라운 예외가 아니겠는가?

_야나기 무네요시, 조선과 예술(범우사, 1989)

무네요시가 말한 '자연에 대한 신뢰'에서 백자를 바라보는 또 하나의 새로운 지평이 열린다. 그렇다. 자연스러움, 본질의 추구, 절제와 겸양은 조선 예술이 품은 가장 본질적 정신이었다. 그것이 고스란히 항아리로 옮겨졌고 백자가 간직한 오묘한 매력의 바탕이 된 것이다.

그러니 백자를 빚었던 도공에게 격식과 과시욕은 거추장스러운 짐이었을 것이다. 묵묵히 늙은 어미와 철없는 아이를 위해, 부뚜막 귀신을 자처한 아낙네를 위해 항아리를 빚었을 것이다. 그게 아니라면 평소 연정을 품었던 사대부가의 아기씨를 빚었을 것이다. 머리까지 둘러쓴 장옷 틈새로 보이는 수줍은 얼굴과 치맛자락의 풍성한 자태는 백자의 형태가 되었을 것이다.

도공의 거친 두 손은 보드랍고 하얀 흙을 어루만지고 또 쓰다듬으며 순박하고 편안한 하얀 추상을 만들어냈다. 그런 다음 마치 조물주처럼 숨을 불어넣어 흰 저고리를 펄럭거리는 여인이 환생하길 빌었다. 이것이 내가 백자를 보며 느끼는 판타지다. 그리고 18세기 이후 혼란한 시대를 거치는 동안 백자와 우연히 만났을지 모르는 서양의 이방인들도 나와 비슷한 감정을 가졌으리라고, 나는 확신한다.

유독 동양문화에 호기심이 많았던 미국의 건축가가 있었다.

자연을 닮은 유기적 건축의 개념으로 현대 건축의 태동기에 수많
은 족적을 남긴 프랭크 로이드 라이트Frank Lloyd Wright, 1867~1959.
그는 나이 마흔에 일본으로 갔다. 그는 자연과 인간의 관계를 중
시했던 동양 특유의 정신을 하나씩 알게 되면서 깊은 감명을 받
았다. 아울러 일본의 절도 있는 문화와 침묵에 담긴 소박하면서
간결한 아름다움을 접하면서 새로운 건축세계의 가능성을 모색
했다. 당시 그의 눈을 사로잡았던 건 일본이 여기저기서 수렵하
듯이 모아놓은 동아시아 각국의 문화재였다.

그 시절의 어느 날, 중년의 서양 건축가가 도쿄의 골목길을
거닐다 생전 처음 보는 신선한 예술을 만나게 되는 상상을 해본
다. 우연찮게 발길이 머문 한 골동품 가게 앞에서, 먼지를 가득
뒤집어 쓴 채 자신의 진가를 알아줄 누군가의 손길을 기다리고
있던 조선의 백자를 운명처럼 만나는 것이다.

라이트는 유난히 여성편력이 심했던 사람으로 알려져 있다.
아흔두 해를 살면서 이혼과 재혼을 경험한 것은 물론이고 그밖
에 밝혀지지 않은 비공식적 연애담이 무수했던 사람이다. 한때는
친구 부인과 사랑에 빠져 사회적으로 매장되다시피 했고, 덕분
에 그는 사십대 중반 이후 20년간 길고 긴 암흑기를 보냈다. 절치
부심한 후 재기한 건 이미 일흔을 바라보는 노인이 된 후였다. 바
로 그때 그는 운명처럼 한 여성을 만났다. 반평생 이상을 바람둥
이로 살았던 그가 죽을 때까지 흠모했던 여인, 올기반나였다. 그
녀와의 결혼은 라이트의 건축 역정에 있어 화려한 대미를 장식할

열정의 도화선이 되었다. 세계에서 가장 유명한 주택 중 하나인 낙수장(1936)을 필두로 세계 건축 역사에 한 획을 그은 역작들이 바로 그때부터 탄생되었다.

뉴욕 구겐하임 미술관(1959)은 라이트가 죽은 후 6개월 뒤에 완공되었다. 무려 16년 동안 애썼음에도 완성을 보지 못하고 죽은 것이다. 설계 기간 내내 부동산 값이 폭등하는 바람에 이러저러한 요구와 그로 인한 작업 변경에 시달리는 고초를 치렀다. 완성 후에도 집 꼴이 저게 뭐냐고 황당해하는 입방아꾼들이 많았다. 하지만 그런 이들도 그가 죽고 몇 년이 흐르자 정반대로 집을 치켜세우기 시작했다.

현대 건축의 거장 프랭크 로이드 라이트의 인생 전체를 관통하고 있는 두 개의 키워드는 자연과 여자일 것이다. 나는 그가 유작으로 남긴 뉴욕 구겐하임 미술관이 그가 표현하고 싶었던 예술의 총체라고 말하고 싶다. 유난히 자연을 흠모했던 사람이었기에 항간에선 본질적인 자연 형태 중 하나인 달팽이의 나선형을 본따 만든 것 아니냐 평가하기도 하지만, 아흔두 해를 살았던 위대한 건축가의 정신을 설명하기에는 뭔가 부족한 듯싶다. 나는 이 건축물에서 달팽이의 직설적 나선 형태만으로는 도저히 설명이 안 되는 여성의 우아한 맵시를 느낀다. 이곳은 어쩐지 18세기 조선에서 빚어졌을 백자의 넉넉함과도 닮아 있다. 한 남자의 일생을 지배했던 수많은 여자들에 대한 연정이 이 집의 형태에 영향을 주었다면 그가 일본에서 발견했던 동과 서, 시대를 가로지르

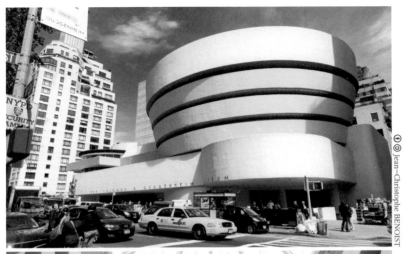

프랭크 로이드 라이트가 우아한 나선 형태로 건축한 뉴욕 구겐하임 미술관의 외부와 내부.

는 묘한 접점이 무엇인지 찾을 수 있을 것도 같다.

당신의 집이 그것의 장소로부터 쉽게 확장될 수 있고, 그곳의 자연
이 근사하다면 그곳의 환경과 호흡을 같이 하도록 하게 하라. 만약
그렇지 않다면, 집이 마치 처음부터 그러한 기회를 가졌던 것처럼
그 장소에서 조용하게 자리 잡게 하라.

_ 프랭크 로이드 라이트, 「유기적 건축」

우연의 일치인지 일본 소설의 선구자 시가 나오야志賀直哉,
1883~1971는 어느 기행문에서 "어느 때는 나라奈良 도다이 관음지
의 가장 중요한 곳, 어느 때는 서울의 유서 깊은 양반집 사랑방,
또 어느 때는 뉴욕의 초고층 빌딩 사무실 장식장, 어느 때는 런
던 교외의 깔끔한 벽난로 옆 다양한 곳에 조선 백자가 놓여 있
다"고 말하면서 "이들 항아리가 마치 오랜 옛날부터 그곳에 놓여
있었다는 얼굴을 하고 있다. 이러한 것들을 아무리 상상해도 이
상하지 않고 부자연스러움이 없다"며 조선 백자에 대한 자신의
상상을 늘어놓는다. 아무쪼록 기억할 만한 예술이란 이미 오래전
부터 있던 것처럼 놓여 있는 법이다. 그리고 시간과 장소에 상관
없이 어디서든 본연의 빛을 발하는 것이다.

프랭크 로이드 라이트, 평생을 함께했던 여성들에 대한 그
의 사랑이 달항아리 백자처럼 신비로운 형태의 뉴욕 구겐하임 미
술관이 되어 숨을 쉬고 있다.

게르니카와 유대인
빌바오 구겐하임 미술관

스페인 북부 바스크 지역은 지금도 엄연히 스페인령이지만 스페인으로부터의 분리 독립을 위해 지금도 싸우고 있다. 이베리아 반도에서 가장 오래된 민족인 바스크인들은 민족에 대한 자부심이 강하고 보수적이며 어떤 상황에서도 바스크어를 버리지 않는 강단 있는 사람들이다. 이베리아 반도는 역사적으로 수많은 이민족들이 뒤섞여 살았던 지역이다. 지금의 스페인을 만든 이민족 가운데는 최초의 이베리아 원주민들과 중유럽 민족인 켈트족, 일부 로마인들과 그리스인들이 포함돼 있으며, 이슬람과 북부 아프리카 민족도 일부 섞여 있다. 그중 바스크인은 가장 독립적이고 오래된 민족이다.

바스크 지방에 '게르니카'라는 작은 동네가 있었다. 다민족 국가인 스페인이 내전(1936~1939)에 접어들던 20세기 초의 어느 날, 이 작은 동네에서 어처구니없는 일이 벌어졌다. 극우 세력의 수장이었던 프란시스코 프랑코가 좌파에 밀려 모로코로 쫓겨난 후 절치부심했던 해가 1936년인데, 이때 본토에서는 프랑코를 지지하는 극우파와 군부 세력들이 일어서고 있었다. 마침 이해관계가 맞아떨어진 나치가 프랑코를 돕고 나서면서 바스크 지방에 폭격을 감행한다. 그것이 바로 유명한 게르니카 폭격이다.

작은 마을 게르니카에 쏟아진 무차별 폭격은 피카소Pablo Picasso, 1881~1973의 그림 「게르니카」처럼 쉽게 이해할 수 없는 사건이었다. 그도 그럴 것이 게르니카는 스페인 내전과 관련 있는 도시도 아니었고 전략적으로 중요한 군사 요충지도 아닌, 스페인 북부에 위치한 작은 마을에 불과했기 때문이다. 도대체 이 폭격은 프랑코의 본토 정복과 무슨 상관이 있었을까.

알다시피 나치는 그로부터 2년 뒤 폴란드 침공으로 제2차 세계대전을 일으켰다. 독일이 세계 정복 야망에 박차를 가하던 시점이었는데, 스페인은 유럽 내에서 해군력이 월등한 나라였다. 큰 전쟁을 앞둔 와중이라 히틀러에게는 전략적 동지가 필요했다. 권력 찬탈의 기회만 노리던 프랑코와 코드가 맞아떨어졌다고나 할까. 히틀러 입장에선 그동안 열심히 준비해온 폭탄의 성능과 공군력을 시험할 대상으로 게르니카가 적격이었을 것이다. 다르게 말하면 당시 전쟁광들의 모의 실험장소로 선택된 억세게 운 없던 동네가 게르니카였던 셈이다.

피카소의 「게르니카」는 무려 1,500명에 이르는 무고한 양민들이 폭격에 숨진 참상을 그리고 있다. 하지만 비극적 이야기를

담고 있는 데 반해 보는 사람을 불편하게까지 만드는 그림은 아니다. 왜 그럴까? 이 그림은 참상의 비극을 은유적으로 드러내는 전략을 취하고 있기 때문이다. 파편처럼 흩어진 사람의 얼굴과 팔, 다리, 말 머리, 화염 등은 얼핏 보면 그다지 연관성 없어 보이지만, 서로 겉돌면서도 서럽게 울부짖고 있다. 그림 속에는 죽은 아이를 안고 절규하는 어미의 모습, 무기력하게 부러진 칼, 추락하는 사람이 있다. 꿈틀거리는 울분과 생생함이 있다.

바스크 지방의 게르니카를 폭격하면서 몸을 푼 나치는 곧 제2차 세계대전을 일으켜 수백만 명의 유대인을 학살했다. 거기서 어렵게 살아남은 유대인들의 후손이 세계 도처에서 발군의 생존력을 발휘하며 살아가고 있다. 물론 세계적으로 유명한 건축가들 가운데에도 유대인이 꽤 있다. 그중 프랭크 게리Frank Gahry, 1929~는 바스크 지방의 대표 도시 빌바오에 그 특유의 자유분방한 디자인을 유감없이 발휘하며 미술관을 지었다. 빌바오 구겐하임 미술관이 그것이다.

게리는 해체주의 작가로 알려져 있다. 해체주의란 무엇인가? 프랑스 철학자 자크 데리다Jacques Derrida, 1930~2004의 말에 따르면, 오랜 시간 서구 사회를 지배하던 이분법적 사고방식, 즉 동양과 서양, 남과 여, 하늘과 땅, 정신과 육체 등을 구분하는 사고에서 벗어나자는 것이다. 하나가 옳으면 나머지 하나가 그른 것이 아니라, 대립되는 모든 개념들이 각각의 의미를 가질 수 있다는 철학적 개념이다.

빌바오 구겐하임 미술관 전경.

건축으로 보자면 전통적 형태 개념인 완결, 완벽, 비례, 일관성, 규칙 등의 틀에서 벗어나자는 주장이며 이것이 해체주의의 뼈대가 되었다. 비완결, 비대칭, 비일관성, 비정형성도 건축의 개념이 될 수 있다는 것이다. 해체주의는 기존 건축에 대한 의문으로부터 시작되었다. 사각형의 정형화된 공간, 엄격한 비례의 입면을 보면서 떠오른 '왜 공간은 사각형이어야 하나? 왜 건물입면은 좌우 비례가 맞아야 하나? 꼭 직선만 써야 하나? 사선이나 곡선으로 비뚤어진 바닥이나 벽도 건축일까? 건물은 꼭 반듯해야 하나?' 등의 의구심이 해체주의 건축의 출발점이었다.

나는 건물이 건물처럼 보이는 것에 반대한다.
나는 그것이 특별한 오브제이길 원한다.

_ 프랭크 게리

바스크 지방의 대표 도시 빌바오에 지어진 구겐하임 미술관은 이런 게리의 건축 철학이 충분히 반영된, 그의 말대로 특별한 오브제다. 1937년 조국에서 벌어진 만행에 치를 떨던 피카소가 폭력을 조롱하며 그린 「게르니카」를 닮았다.

꿈틀대는 모빌처럼 햇빛에 반짝이는 미술관은 장난스럽기까지 하다. 하지만 그 이면에는 유대인인 게리와 그의 조상들이 겪었던 비극적 민족사가 숨어 있다. 그는 기독교가 박해를 받던 로마시대부터 신자들끼리 알아보기 위해 상징처럼 사용했던 문양

인 물고기의 역동성을 건축물에 반영했다. 또한 어릴 적 가업이 었던 철물점에서의 경험을 살려 갖가지 철판을 건축 재료로 사용했다. 빌바오 구겐하임 미술관의 방문자들은 유연하게 헤엄치는 은빛 물고기들의 펄떡이는 활력을 느낄 수 있다. 물론 이런 활력은 살아남기 위해 몸부림쳐야 했던 유대인들의 원초적인 투쟁심, 비극적 역사와도 관계가 있을 것이다.

애초 빌바오시는 시드니의 오페라하우스처럼 도시를 상징할 만한 명물을 원했다. 심심하고 정형적인 건축을 거부하는 게리는 그런 면에서 탁월한 선택이었다. 바스크 당국이나 미국 구겐하임재단이 원했든 원치 않았든, 누가 봐도 제멋대로인 비정형적 건축물이 빌바오에 등장했다. 정신없는 선이 자유롭게 뒤엉킨 듯한 이 집은 게리가 속한 유대인들의 과거사를 더듬으며 현재와 미래를 관통하는 절묘한 지점에 서 있다. 오랜 세월 독립을 원했던 바스크의 투쟁적 역사, 이 지방의 평화로웠던 작은 마을 게르니카에 대한 히틀러와 프랑코의 무자비한 폭격, 그리고 히틀러에게 인종청소를 당했던 유대인들의 아픈 과거는 이 미술관 안에서 공존하며 현재의 관람객을 만난다. 그리고 미술관은 이 모든 과거를 증언하는 오브제로서 미래를 향해 발화한다.

자고로 예술 작품 속엔 작가들의 삶과 역사가 투영된다. 피카소와 게리는 역사적 상처를 있는 그대로 내보이는 대신 웃음과 희망으로 과거를 감싸 안았다. 「게르니카」와 빌바오 구겐하임은 스페인으로부터 독립을 원하는 바스크 지방의 대표적 예술 작품

빌바오 구겐하임 미술관의
세부와 측면.

으로 자리매김 했다. 두 작품의 차이가 있다면 하나는 잊을 수 없는 치욕스런 과거의 기록이지만 다른 하나는 아픈 과거를 뛰어넘어 자유와 활력이 넘치는 미래를 노래하는 희망가라는 점이다.

느림의 공간
과천 국립현대미술관

비가 온다. 나는 일부러 비를 즐길 수 있는 출근길을 택한다. 실개천 주변으로 만들어진 산책로. 20분 이상 우산을 들고 천천히 걸어야 한다. 바지 끝자락을 두어 번 접어 올렸다. 튀는 빗물이 종아리를 간지럽힌다. 비 오는 산책로에는 사람이 보이지 않는다. 이어폰에서는 리오스카의 「비포 더 레인」이 흘러나온다. 낮게 깔린 구름에 거대한 빌딩들의 허리가 잘려나간 탓에 그들을 올려다보는 것도 오늘은 그다지 피곤치가 않다. 내 키보다 훨씬 크게 자란 긴 가지의 갈대풀들이 빗방울을 맞고 툭툭 하늘거린다. 빗속을 뚫고 참새들이 연신 지렁이를 잡으러 분주하다. 나는 걷는다. 시간이 느리게 흐른다. 기분 좋은 느림이다.

인간이 제 신체의 에너지만으로 움직이는 속도를 멸시하고 기계에 전적으로 그것을 위임해버렸을 때, 효율성의 일방적인 척도에 의해

과천 현대미술관 전경.

한가로움을 반윤리적인 것으로 규정하고 삶에서 추방해버렸을 때, 느림은 우리 삶에서 더 이상 발붙일 곳이 없어졌다. 사람들은 느림을 악덕으로 간주하고, 느림을 시대에 뒤떨어진 것으로 규정해버린다. (……) 우리는 '빠르게'라는 주문에 걸려 '현재들'을 놓치는 삶을 살고 있다. 우리는 너무나 많은 귀중한 '현재'의 시간들을, 그 시간의 켜켜이 가득 차 있는 의미와 기쁨, 영혼의 빛과 위안들을 지나쳐버려야만 했다.

_장석주, 『추억의 속도』(들녘, 2001)

직접 씨를 뿌리고 풀을 뜯어먹으며 살 필요는 없지만, 우리 모두 다 함께 헬렌 니어링이나 선 수행을 하는 수도자들의 삶을 살아가자고 말하려는 것도 아니지만, 현대사회의 지나치게 빠른 속도를 의심해볼 필요는 있다. 사람이라면 누구에게나 관조의 시간이 필요하고, 타의에 의해 삶의 속도가 빨라졌을 때 제어할 각자의 방식이 하나 정도는 있어야 한다. 그런 것 없이 계속 살아가다 보면 언젠가 크게 좌절하게 될지 모른다. 예컨대 좌절은 속도에 빠진 사람들을 위한 일상의 자정작용이다. 시련을 브레이크 삼아 잠시 멈추라는 경고 말이다. 하지만 이 경고마저 무시되는 일이 다반사다. 사람들은 사회의, 또는 내면의 경고에 주의를 기울이는 법을 잊은 듯하다.

느림이 중요한 것은 주마간산走馬看山 격으로 지나가는 일상의 보석을 잡는 데 탁월하기 때문이다. 일상의 보석은 늦추어진 시간 속에서만 발견되는 삶의 숨겨진 의미들이다. 하릴없이 걷다가 만나는, 눈에 보이지도 않던 생명들, 미묘하게 변하는 바람의 숨, 두피를 따스하게 만드는 적당량의 햇빛, 코를 간질이는 정체불명의 냄새들, 출처를 알 수 없는 자연의 소리들……. 표피를 훑으며 속도를 못 이겨 지나칠 때는 만날 수 없었던 소중한 존재들이다. 이것들이 잠자고 있는 내 오감을 깨운다. 그리고 온몸을 열어 완전하게 활동하도록 한다. 비로소 온전한 인간으로 컴백했다는 기분을 불어넣는다.

체코 출신의 소설가 밀란 쿤데라Milan Kundera, 1929~는 『느림』이라는 책에서 일정한 지속에 형태를 아로새기는 것은 아름다움과 기억이 요구하는 것이라고 했다. 즉 형태가 없는 것일수록 파악은 물론, 기억도 할 수 없기 때문이다. 그러니 느림과 기억 사이, 빠름과 망각 사이에는 어떤 내밀한 관계가 있다는 것이다. 그가 예를 들었던 것처럼 길을 걷다 문득 어떤 생각이 머리를 스치고 지나갈 때면 우리의 발걸음은 자연히 느려진다. 반면, 조금 전 겪은 어떤 끔찍한 일을 잊어버리고자 한다면 지금의 위치에서 어서 벗어나기 위해 걸음을 빨리한다. 그러니 "느림의 정도는 기억의 강도에 정비례하고, 빠름의 정도는 망각의 정도에 정비례한다"는 쿤데라의 해석에 고개가 끄덕여진다.

하지만 쿤데라의 말처럼 감각이 제대로 작동하려면, 그래서 그것이 아름다운지, 추한지, 어떤 느낌인지, 실체가 무엇인지 잘 느껴보려면 실체를 아로새길 시간이 필요하다. 생각을 정리할 시간이 필요하다. 그러다 보면 자연스레 발걸음도 느려지고, 숨도 천천히 쉬게 된다. 뇌도 천천히 하나하나 따져가며 움직이게 된다. 하지만, 우리가 살아가는 현대사회는 이런 일을 할 만한 한 치의 여유마저 홀딱 뺏어가기 일쑤다. 잠시 방심이라도 할라치면 울려대는 핸드폰, 전원을 못 끄게 만드는 수백 개의 TV채널, 초 단위로 올라오는 엄청난 양의 인터넷 정보. 정비례를 넘어, 빠름과 망각의 밀월 관계라고 할 만하다.

이제 우리는 느림을 교육받아야 할 상황에 처해 있다. 온전한 자기 생각을 가지려면 자신만의 속도를 익혀야 한다. 적당한 본보기가 있을까?

비디오 아티스트 빌 비올라Bill Viola, 1951~의 「의식」(2002)은 극단적인 느림을 통해 잠자던 의식을 깨운다. 한시도 쉬지 않고 내달리는 관람자의 시계 초침에 모래주머니를 달아 속도를 늦춘다. 그리하여 관람자로 하여금 시간과 시간 사이에 잠복해 있던 매우 세밀한 감정들을 발견하게 한다. 속도에 취해 있는 사람이라면 환장할 만큼 답답한 느림을 만끽할 수 있다. 「의식」이 보여주는 느림은 섬세하다. 초능력을 발휘할 때만 슬로우모션이었던 '육백만 불의 사나이'처럼, 느림을 통해 디테일을 강조함으로써 엄청난 속도를 표현하는 역설적 방식이다. 천천히 움직이고, 정확하게 표적을 응시하고, 힘을 모으기 위해 표정을 일그러뜨린다. 그런 다음 우아하고 느린 동작으로 달린다. 시속 100킬로미터에 가까운 속도로 달리는 동안 양팔은 역동적이고 규칙적으로 움직인

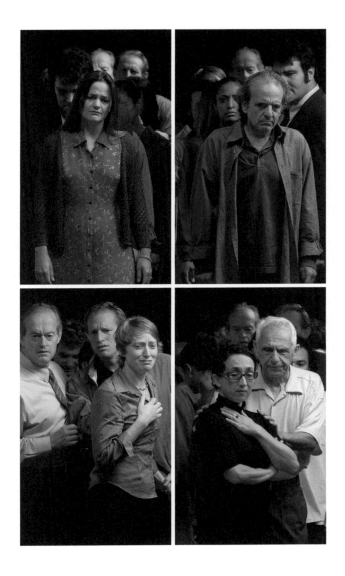

빌 비올라, 「의식Observance」, 플라즈마 디스플레이에 고화질 컬러 비디오,
120.7×72.4×10.2cm, 10분 14초, 2002년, Photo: Kira Perov

다. 들썩이는 어깨와 실룩대는 얼굴 근육이 TV 화면을 가득 채운다. 내 안에 숨겨진 진정한 파워는 느림 속에서만 찾을 수 있다는 메시지다.

비올라는 오디션을 통해 열여덟 명의 연기자를 선발하고 그들을 일렬로 세운 후 각자의 슬픔을 표현하게 했다. 관람자들은 그들이 무엇을 보았는지 알 수 없지만 표정에 드러난 미세한 굴곡을 통해 상황을 이해할 수 있다. 슈퍼 프레임으로 작동되는, 극도로 느린 동작은 '슬픔' 하나로 정리하기에는 매우 복잡하고 심란한 감정을 보여준다. 눈동자의 움직임, 입술의 떨림, 세세한 근육들의 갈라짐. 적나라한 묘사는 슬픔과 어우러진 안타까움과 놀라움, 우울, 당황, 고통, 그밖의 딱히 형언할 수 없는 감각들을 일깨운다. 빠른 속도 속에서는 모두 망각되었던 느낌과 기억들이 느린 시간 속에서 본연의 빛을 발하는 것이다.

「의식」 감상은 느림을 체험하는 지극히 개인적인 나만의 방식이다. 한숨 돌릴 여유가 필요해지면 가끔 「의식」을 만나러 간다. 한번 보면 절대로 잊을 수 없는 작품의 잔향 탓이다. 느릴수록 오래 기억에 남는다고 밀란 쿤데라가 말했다. 맞는 말이다. 스스로는 시간을 늦출 도리가 없어 도움을 받아야 하는 처지가 딱하긴 해도 내심 다행이 아닐 수 없다. 아무도 없는 빗속의 산책로를 걷거나, 각종 재료를 다듬어서 천천히 요리를 할 때와 나만 아는 등산로를 오를 때의 느낌들, 하나하나가 모두 소중하다. 깨알같은 글자로 빼곡한 두꺼운 책을 한 장, 한 장 넘기는 맛과 같다.

정신없이 돌아가는 일상의 궤도에서 잠시 이탈하면 누구나 찾을 수 있는 작은 행복이다.

비올라의 「의식」을 보러 가는 길은 또 하나의 의식을 깨우는 시간이 된다. 건축가 김태수1936~의 작품 국립현대미술관(1986)의 독특한 배치 때문이다. 건축가 서현은 일찍이 이 건물에 대해 '멀리 돌아가는 집'이라 했다. 관람객이 접근하는 방향으로 등을 보이고 건물을 거꾸로 배치한 탓에, 건물 앞에 닿으려면 꽤 걸어야 하기 때문이다. 의도적으로 불편하게 만들 생각은 없었던 것 같다. 남쪽이 산이고, 북쪽으로 호수가 있는 배수임산背水臨山 지형 탓에 남향으로 진입을 유도하다 보니 그 어쩔 수 없는 선택 속에서 출입구로 향하는 길은 멀기만 하다.

이 집은 꽤 느리다. 선불교의 수행공간을 연상시키듯 과장과 비약이 없는 무채색의 정갈한 모양새다. 집은 길게 내려뜨린 산자락의 끄트머리에 소박하게 앉아 있다. 산책을 하다 바람을 만나 잠시 주저앉은 선비처럼, 흰 도포자락을 늘어뜨리고 하늘과 태양, 산과 만나고 있다. 거꾸로 돌아누워 정면을 남으로 향한 탓에 북쪽 하늘은 태양의 눈부심 없는 진한 코발트블루를 선사한다. 아울러 강렬한 볕을 받은 집의 외벽은 한층 눈부신 백색을 발산한다. 제대로 어우러진 블루와 화이트를 감싼 울창한 자연환경은 집의 실체감을 더욱 또렷하게 만들어준다. 그러하기에 집과 주변 환경이 따로 놀지 않고 느린 시선에 걸리면서 기억에 새겨진다. 이 절묘한 색감이 이 집을 더욱 '느린 상태'로 만든다.

과천 현대미술관의 입구를 찾기 위해서는 한참을 돌아가야 한다.

백남준의 「다다익선」이 설치된 미술관 내부.

20여 년 전 국립현대미술관의 신축은 군부정권이 시행했던 여러 문화정책 중 하나였다. 교외에 현대미술관을 짓는 일은 세계적으로 흔하지 않았는데, 이 시절의 문화정책자들은 참으로 절묘한 장소를 골랐다. 변두리 산자락 터를 당시 문화예술인들이 얼마나 환영했을까 싶지만 결과적으로 갑갑하고 정신없던 시대에서 한 발짝 멀어지게 한 결과를 낳았다. 도발적이고 충격적인 예술품을 감상하는 기회를 선사함은 물론 예술 해방구로서의 역할을 무난하게 해냈다. 서슬이 시퍼런 감시와 통제로 숨막히는 서울을 벗어나 모처럼 무거운 마음을 덜어내고, 자유로운 감성과 예술이 살아 있는 도발적인 현대미술 작품을 보며 언제 올지 모를 새 시대를 그리워했을 것이다.

비올라는 말한다. 세상의 모든 것들은 서로 영감을 주기 위해서 존재한다고. 그러기 위해서는 각자가 먼저 깨어나야 한다고. 엄밀히 구별되어 명료하게 따로 존재함을 인식하는 것. 그것은 느림 속에서 가능하다. 숨을 잠시 고르고, 가빠진 두뇌를 진정시키면서 주변을 천천히 살펴볼 때, 세상 사물의 실체 하나하나가 오감으로 감지된다. 그러면서 삶은 제자리를 찾는다.

잠시 제자리를 못 찾던 시대에 정신없이 몰아치는 권력에 의해 세워진 이 집이 역설적이게도 우리에게 느림을 선물했다.

멀리 돌아가면서 잠시 불편하더라도 가끔은 느림을 찾아본다. 느림은 기억과 감각을 보전할 수 있는 유일한 길이다. 속도와 경쟁을 조장하는 이 시대에 살아남는 가장 빠른 길이기도 하다.

얇은 막 안의 시민들
플라토 갤러리

1964년 겨울을 서울에서 지냈던 사람이라면 누구나 알 수 있겠지만, 밤이 되면 거리에 나타나는 선술집—오뎅과 군참새와 세 가지 종류의 술 등을 팔고 있고, 얼어붙은 거리를 휩쓸며 부는 차가운 바람이 펄럭거리게 하는 포장을 들치고 안으로 들어서게 되어 있고, 그 안에 들어서면 카바이트 불의 길쭉한 불꽃이 바람에 흔들리고 있고, 염색한 군용 잠바를 입고 있는 중년 사내가 술을 따르고 안주를 구워주고 있는 그러한 선술집에서, 그날 밤, 우리 세 사람은 우연히 만났다.

_김승옥, 「서울, 1964년 겨울」(『무진기행』 수록, 문학동네, 2004)

그때부터 50년이 넘게 흘렀지만, 변한 것은 별로 없다. 길거리에 흔하던 참새가 어디론가 사라지면서 포장마차 메뉴의 군참새가 동반 실종된 게 변화라면 변화랄까. 군참새는 없지만 얼어붙은 거리를 휩쓰는 바람에 쫓기는 사람들은 여전히 펄럭이는 포장을 들치고 안으로 들어선다. 카바이드등의 길쭉한 불꽃 대신 초가 삼간의 화롯불 마냥 훈훈한 백열등이 사람들을 반긴다. 따뜻한 어묵 국물 한 대접과 술잔을 내어주며 주인아주머니가 반가운 기색으로 손님을 맞는다. 곱게 립스틱을 바르고 두툼한 카디건에 모직 목도리를 두른 아주머니의 모습이 정감을 자아낸다. 밀레니엄을 한참이나 넘긴 요즘의 우리는 여전히 1964년처럼 잔을 나눈다.

> 2차 가자 집에 가자 고고장 가자는 걸
>
> 알뜰꾼 신씨가 눌러 앉히고 한 병 두 병 더할수록
>
> 거나하게 취기가 올라
>
> 좆같은 노무과장. 상무새끼, 쪽발이 사장놈.
>
> 노사협의회 놈들 때려 엎자고
>
> 꼭 닫아둔 울화통들이 터져 나온다
>
> _박노해, 「포장마차」(『노동의 새벽』 수록, 느린걸음, 2014)

포장마차는 가슴 밑바닥에서부터 올라오는 울화통을 터뜨려도 아무도 뭐라 하지 않을 곳이다. 고고장이나 집과는 다른, 아무렇게나 앉아서 소주 난장을 벌이는 길바닥과도 또 다른 공간이다. 비록 노무과장과 상무새끼, 사장 놈과 노사협의회 놈들을

'말로만' 때려 엎는 곳이지만, 참았던 울분과 하고 싶었던 말들이 거침없이 토해지는, 그리고 현실의 슬픔과 허무함이 불현듯 밀려오는 신비의 공간이다.

김승옥의 포장마차 속에서 주인공들은 토하듯 할 말을 쏟아내는 통에 대화를 하지 못한다. 그렇더라도 그들은 쉴 새 없이 결코 닿지 않을 서로의 이야기들을 내뱉는다. 귀갓길 거리 모퉁이에 자리 잡은 낯선 포장 속 그들은 포장 밖 세상의 우울한 도시에 절망한다. 그러나 그들의 이 절망의 시간은 기타 현을 공들여 조율하는 일처럼, 내일 또다시 하루를 살아가기 위한 준비의 시간이다.

이곳은 마치 하늘로 떠올라 지친 우리를 어디론가 훌쩍 데려갈 황금마차 같다. 현실 속에 있되 장막을 슬쩍 드리우고 우리가 실존하고 있음을 느끼게 해주는, 정겨운 포장마차. 얇은 장막 하나를 사이에 두고 억눌린 존재감에 몸서리치는 도시인들을 향해 손짓하는 가슴 뭉클한 공간. 포장은 해방의 문[贖]이기도 하고 스스로에 대한 물음[問]이기도 하다. 노랗고 발그레한 백열의 잔영이 길 잃은 나그네들을 반딧불처럼 유혹한다. 어서 들어오라고.

좁은 문으로 들어가라
멸망으로 인도하는 문은
크고 그 길이 넓어
그리로 들어가는 자가 많고

생명으로 인도하는 문은

좁고 길이 협착하여

찾는 이가 적음이니라

_「마태복음」 7장 13절

매일같이 좁은 문 앞에서 주저하고 부글거리는 울화통을 간신히 누르며, 살아가야 하는 삶과 살고 싶은 삶 사이에서 갈등하며 이도저도 못하는 오늘. 1964년의 포장마차 안 건달들처럼 '어디 마땅한 포장이 없을까?' 하고 두리번거린다. 비록 군참새는 멀리 떠난 지 오래여도, 카바이드등 불빛 대신 백열등과 형광등이 대신하고 있어도, 들추면 열리는 보통 사람들의 문(門이기도 하고 門이기도 한)인지라 포근하고 훈훈한 것은 변함이 없다. 김승옥의 말처럼 포장을 들치고 안으로 들어서는 이유는 분명하다. 그것이 좁은 문이든, 천국의 문이든, 지옥의 문이든, 이상과 현실을 가르는 문이든, 지리멸렬한 일상을 탈출하고 싶기에. 그리고 장막 뒤에 숨어 하고 싶던 이야기를 기꺼이 토해내고 싶기에.

로댕Auguste Rodin, 1840~1917의 「지옥의 문」은 암흑의 조각이다. 각자의 복잡한 감정을 드러내며 불편한 자세를 취하고 있는 사람들, 지옥에 막 들어서려는 사람들의 심란함이 생생하다. 이를테면 지옥에 들어서기 위해 대기하고 있는 인간들의 모습인 셈이다. 리얼한 지옥은 잠시나마 일상을 접어두게 만든다.

로댕은 매끈하고 예쁘장한 대리석 조각들이 주류를 이루던

「지옥의 문」과 작품 세부.

①③Roland zh

①③Jean-Pierre Dalbéra

시절, 잔뜩 찌푸린 심각한 표정의 인체상을 거친 질감으로 표현했다. 그가 조각한 인간들은 잔뜩 얼굴을 일그러뜨리거나 거친 숨을 몰아쉬며 무엇인가 말을 전하고 싶어 한다. 김승옥 작품 속의 포장마차 건달들처럼 상대방에게 대화를 청하는 듯하지만 독백임에 분명한, 깊이 뿌리박힌 울분 같은 것.

「지옥의 문」은 로댕이 37년간 공들여 만든 평생의 역작이다. 그가 즐겨 읽던 단테의 『신곡』 중 '지옥 편'에서 주제와 아이디어를 얻었다고 한다. 그밖에는 르네상스 시대의 예술가 기베르티의 「천국의 문」과 미켈란젤로의 「최후의 심판」에서 구성적 모티프를 얻었다고 하는데 이런 사실을 모르고 감상한다 해도 이 작품을 통해 관람자는 영락없이 삶과 죽음의 경계를 느낀다. 고민하는 사람, 아파하는 사람, 인상 쓰는 사람, 고함치는 사람, 추락하는 사람, 매달리는 사람, 후회하는 사람, 울고 있는 사람 등 인간 군상의 온갖 측면들이 읽힌다.

서울에도 이 「지옥의 문」이 있다. '글래스 파빌리온'이라 불리는 플라토 갤러리(구 로댕 갤러리)의 한쪽 벽에 자리 잡고 있는 것이다. 미국 건축사무소 KPF는 본래 야외 전시용 조각 작품이었던 「지옥의 문」과 「칼레의 시민」을 갤러리 내부에 전시하는 문제를 두고 오랫동안 고민했다. 결과적으로 내부와 외부를 전부 반투명 유리 껍질로 싸는 독특한 공간을 만들었다. 도심 한복판의 오염으로부터 작품을 보호하는 동시에 자연광의 유입을 가능케 하는 건축적 해결 방법을 찾은 것이다. 그 형태는 얼핏 보면 곤충의 알집 같기도 하다. 밤이면 갤러리의 반투명 유리를 통해 흘러 나오는 훈훈한 온기가 포장마차 불빛에서 나오는 그것을 닮았다. 온기는 밤 사이 싸늘하게 식은 도시를 향해 손짓한다. 나는 유혹을 못 이겨 유리 포장마차 안으로 들어선다. 찬찬히 산보하며 「지옥의 문」을 바라본다. 화석이 되어버린 암흑의 벽에서 절규하는 인간들은 저마다의 사연을 가지고, 지옥인지 현실인지 알 도리가 없는 벽에 갇혀 대화를 원하고 있다.

김승옥의 표현을 빌리자면 이 집은 '얼어붙은 거리를 휩쓸며 부는 차가운 바람이 펄럭이게 하는 포장을 들치고 안으로 들어서게' 이끄는 곳이다. 냉정한 현실과 나 사이에 얇은 막 하나가 넓게 쳐졌고 현실이라는 무대의 뒤편이 만들어졌다. 어둠이 짙어질수록 밝게 타오르는 이곳을, 잠시나마의 일탈을 감행할 수 있는 '실존의 포장마차'라고 불러도 좋겠다.

어느 시린 겨울날, 이곳은 거대한 포장마차로 변신한다. 천정에는 카바이드등이 줄지어 매달리고 그 아래 외로운 사람들의 왁자지껄한 술판이 벌어진다. 군참새와 뜨끈한 어묵 국물, 한 잔의 소주가 그리운 사람들끼리 잔을 나누고 있다. 매캐하지만 훈훈한 연기가 모락모락 새어나가면 차가운 밤거리는 덩달아 온기로 가득 찰 것이다.

나는 동그랗고 작은 플라스틱 의자에 엉덩이를 붙이고 가볍게 소주 한 잔을 입 속에 털어넣으며 「지옥의 문」을 감상한다. 그러고 나서 1964년의 누군가 그랬듯이 이렇게 말을 건넨다. '꿈틀

플라토 갤러리의 외부와 내부.

거리는 것을 사랑합니까?' 그럼 그들 중 한 명은 찡그렸던 얼굴을 펴고 이렇게 대답한다. '사랑하고 말고요.' 마침 홀 중앙에서 서성이며 그 이야기를 엿들은 남자들이 성큼성큼 내 쪽으로 다가와 투박한 손을 내민다. 우울한 얼굴로 내 옆에 서 있는 그들에게 소주를 한 잔씩 따라줘야겠다. 그들이 누구냐고? 그들은 아주 오래전 영국에게 정복당했던 프랑스의 작은 도시 칼레의 시민들이다. 과묵한 사람들이니 말없이 술잔만 주고받는 것으로도 족할 것이다.

개정판 작업 중 플라토 갤러리의 폐장 소식을 들었다(2016년 8월 폐관). 오귀스트 로댕의 「지옥의 문」과 「칼레의 시민」을 상설 전시하는 공간으로, 1999년 세계에서 여덟 번째 로댕 전문 갤러리로 개장한 이래 2011년 플라토 갤러리로 명칭을 바꿔 현재까지 운영해왔으나 모기업의 건물 매각으로 17년 만에 문을 닫게 된 것이다. 플라토 갤러리는 복잡한 도심 속에서 은은한 자연광의 여유와 잠깐 동안의 기분 좋은 일탈을 즐길 수 있는 보석 같은 공간으로 오묘한 분위기와 감흥을 느끼게 하는 드문 장소였다. 이곳을 좋아했던 이들에겐 아쉬운 일이다.

세 개의 시간
아라리오 뮤지엄 인 스페이스

나는 나의 과거를 싫어하고 다른 누구의 과거도 싫어한다.
나는 의무적으로 느끼는 아름다운 감정을 혐오한다.

_르네 마그리트

르네 마그리트René Magritte, 1898~1967의 작품 「데칼코마니」에는 두 명의 남자가 등장한다. 좌측의 신사는 익히 알려진 대로 마그리트의 뒷모습이고 우측의 형상은 실체 없이 허공으로 존재하는 사람이다. 실체가 없는 남자는 옷을 모두 벗어 던진 채 풍경과 하나가 되었다. 아마도 하나는 현실의 그일 것이고, 하나는 현실을 벗어나고픈 그의 욕망일 것이다. 과거를 싫어하고 다른 누구의 과거도 싫어했던 마그리트가 스스로의 굴레로부터 탈출하고자 하는 마음이 느껴진다. 데칼코마니는 예전 미술시간에 누구나 한 번씩 해봤을 것이다. 그림을 그린 후 좌우를 접어 양쪽이 겹치게 해서

르네 마그리트, 「데칼코마니」, 캔버스에 유채, 81×100cm, 1966년, 개인 소장.

전혀 다른 그림을 만들어내는 방법이다. 즉 이 그림을 통해 마그리트는 한 몸에 존재하는 서로 다른 자아를 표현하고 싶었던 것이 아닐까? 현실에 머물려는 자아와 현실을 벗어나려는 자아 말이다.

마그리트의 「데칼코마니」를 연상시키는 그 집은 한옥 빼곡한 북촌 대로변에 오랜 시간 동안 서 있었다. 음침한 느낌을 자아내는 검은 벽돌의 그 집을 볼 때마다 잔뜩 웅크리고 있는 사람 같다는 생각을 했던 것 같다. 1992년, 처음 방문한 그 집 안에서는 지치고 피곤한 표정의 사람들이 좁고 낮은 공간을 오가며 개미처럼 일하고 있었다. 창문이 거의 없는 중세시대의 고택 안에 들어선 기분이랄까. 비밀스런 한 인간의 자의식을 들여다보는 느낌과도 비슷했다. 그날의 짧은 견학은 어떤 '공간'의 잔상을 머릿속에 오래 남겼다.

구 공간 사옥(1971년 착공, 1977년 준공)은 건축가 김수근이 천착했던 한국성韓國性의 뿌리 같은 건축물이다. 그가 생각한 '공간'은 작고 조밀한 인간적인 볼륨, 새의 둥지나 어머니 품처럼 포근한 근원적 은신처를 표상한다. 군사정권 시절 굵직한 정부 프로젝트를 수행하며 명성을 날린 건축가 김수근. 하지만 정작 자신의 집은 좁고 어두운 은신처처럼 지었다. 집 속에서 그는 현실과 다른 자신만의 이상을 키우며, 예술에서 새 시대의 희망을 찾으려 했던 것은 아닌지. 그를 중심으로 1970년대 공간 사옥에서 태동한 한국 예술계의 다양한 성과는 우리 근대사에서 적지 않

'공간'의 신사옥 아라리오 뮤지엄 인 스페이스.

은 의미를 갖는다. 일찍이 국내 최초의 종합예술잡지 『공간』을 발행했고, 지하 소극장 공간사랑에서는 세계적 문화 콘텐츠가 된 김덕수 사물놀이패가 데뷔하고 공옥진의 병신춤이 시작되었다. 또한 강석희, 백병동, 이만방 같은 당대 클래식 작곡가들의 실험 음악이 발표되는 장소였고 김중만의 사진전, 황병기와 홍신자의 퍼포먼스가 펼쳐지는 전위적 예술 공간이었다. 척박했던 그 시절 예술의 최전선에서 인큐베이팅 공간을 자처했던 셈이다.

김수근의 후임으로 '공간'을 이끌었던 건축가 장세양 1947~1996이 설계한 신사옥은 2002년에 지어졌다. 작은 개체를 하나씩 쌓는 고전적 축조구법인 벽돌집과 가장 현대적 구법으로 유리와 철을 사용하여 지은 세련된 커튼월 집의 대비된 풍경이 독특하다. 과거와 현재의 공존을 표현하는 것일 테고, 어두웠던 시대와 한층 밝아진 시대의 사회상을 은유하는 것일 테다. 좁고 음침한 작은 방들이 층의 구분 없이 복잡한 미로처럼 만들어진 스승의 닫힌 공간과 밖에서도 내부가 훤히 들여다보이는 제자의 투명한 개방 공간의 상반된 풍경은 그 자체로 시간의 예술, 시대의 예술이 된다.

얼마 전 검은 벽돌집의 새 이름은 '아리리오 뮤지엄 인 스페이스'로 바뀌었다. 집은 예전 것 그대로 남았지만 원래 담겨 있던 그 공간의 삶은 사라졌다. 어머니의 모태 같던 공간 안에서 꼬물거리던 사람들의 자취도, 가구도, 책들도, 도면과 모형도, 뿌연 담배연기도 이제는 없다. 미술관으로 옷을 갈아입은 새 집에서 옛 건축가의 마음으로 집 안을 거닐어본다. 예전 사무실로 쓰였을 때보다 내부의 공간들은 훨씬 더 친밀하고 솔직하게 방문객들을 맞아준다. 이 집의 새 주인은 원래 있던 공간은 고스란히 남겨둔 채 자신의 예술 작품들만 공간 사이사이에 슬쩍 끼워넣었다. 작품 전시는 처음 지었던 검은 벽돌집이 맡고 유리 커튼월 집은 휴식과 대화를 위한 레스토랑 및 카페로 쓰인다.

경영 부진으로 경매시장을 표류하던 이 집을 사기로 결심한 예술품 컬렉터 김창일은 집을 단순한 전시 공간이 아니라 하나의 작품으로 이해한 것 같다. 사실 좁은 계단과 낮은 천장으로 연결되는 어두운 내부 공간은 예술품을 전시하기에는 크기로도 분위기로도 조금 애매하다. 하지만 작은 공간에 남겨진 옛날 낙서와 생활의 흔적인 스크래치, 낡은 전선, 책장, 선반 같은 것들은 전시된 작품들이 평범한 백색의 전시장에 놓였을 때보다 훨씬 더 살아 있는 존재로 만들어준다. 확신하긴 어렵지만 이런 미술관은 전세계에서 거의 유일하지 않을까. 관람자들은 어려운 미션을 수행하는 탐험자의 마음으로 좁은 미로를 오르내리며 각 방마다 배치된 예술가의 방과 연속적으로 만난다. 예술품을 전시하면서 동시에 오래 묵은 '공간' 자체도 전시하는 것이다.

문득 장 그르니에가 쓴 『어느 개의 죽음』의 한 구절이 생각난다. 그는 거기서 "가족 중 누군가가 죽음을 맞은 방을 다시 사용하지 않는다"는 어느 고장의 관습을 언급하면서 주인이 떠난 방의 존재에 대해 이야기한다. 방안 모든 것들이 거기 머물렀던

좁은 계단과 낮은 천장은 예술품을 전시하기에 적당하지 않지만
이곳은 단순한 전시 공간이 아니라 공간 자체가 하나의 작품이다.

사람이 죽었던 당시의 그 상태로 유지되고 아무도 그 방에 들어가지 않는다는 관습. 시간이 흐르면 아무리 방이 많은 집이더라도 살아있는 사람이 사용할 방은 결국 남지 않을 것이다. 빈방들로 채워진 집은 남은 이들에게 어떤 의미가 되어야 할까.

40여 년 전 건축가 김수근은 은행 빚으로 경매에 걸린 자신의 자택을 허물고 그 터에 '공간'을 처음 지었고 이후 그의 제자 장세양은 그 옆에 유리로 만든 집을 지어 스승과 자신 사이에 놓인 시간의 겹을 하나의 장소로 연결했다. 10년 후 부메랑처럼 다시 경매로 나온 이 공간을 미술관으로 변모시킨 김창일은 같은 장소 안에 1970년대와 2002년, 그리고 2016년의 시간을 공존시키면서 남겨진 빈방의 의미에 대해 관람자들에게 잔잔한 질문을 던진다. 김수근은 말했다. "돈이란 빚질 수 있는 거지만 시간은 빚을 내어 얻을 수도 갚을 수도 없다"라고. 돌이켜보면 그가 평생 부여잡고 싶었던 하나의 가치는 시간이었던 것 같다. 어떤 장소에 남은 다양한 세월의 겹과 이야기는 그 장소를 더욱 매력적으로 만든다. 사연 많은 어떤 건축은 이제 살아남은 이들이 머물 만한 어떤 방도 내주지 않으려 한다. 대신 그곳을 거쳐간 모든 시간을 기억하려고 한다. 비로소 건축이 시간과 공간이라는 한정된 틀 속에서 그것을 초월하는 예술이 되어가는 중이다.

황홀한 빛의 캔버스
산크리스토발 주거단지

샤를 보들레르Charles Baudelaire, 1821~1867는 말했다. "예술의 절반은 즉흥적인 것, 순간적인 것, 우발적인 것이고 나머지 절반은 영원하고 불변한 것이다"라고. 케케묵은 전통과 격식에 거의 숨 막힐 지경이었던 19세기 말의 유럽 예술을 향한 천재 시인의 일갈이다. 이 말에 자극을 받은 건지는 모르겠지만 그 후 유럽 예술은 새로운 변화 속으로 빠져든다.

가장 먼저 화실에서 뛰쳐나온 사람들은 인상파였다. 그들은 그림을 제대로 그리기 위해 더 이상 엄격한 규칙과 기존의 관습을 추종할 필요가 없다고 생각했다. 그들이 찾는 진정한 예술은 밖에 있었다. 낡은 기법의 사슬에 꽁꽁 묶여 있던 가짜 색을 해방시키고, 햇빛을 받아 순간순간 미묘하게 변화하는 진짜 색을 찾으려고 애썼다. 즉흥적인 것, 순간적인 것, 우발적인 것에서 예술을 찾아냈다. 그들에게 영원하고 불변한 것은 무의미했다. 자연상태에서의 태양이 만들어낸 찰나의 색깔을 가슴으로 잡아채고 싶었다. 그들의 손끝은 재빠르고 예민하게 움직여야 했다. 자연히 형태는 뭉개지고 하나의 사물은 여러 가지 다양한 색으로 표현됐다. 당시 이런 새로운 시도는 그 자체가 파격이었다. 예술가 개인의 자유는 통제한 채 전통 회화 방식을 잘 구현한 사실감 있는 그림이 높은 평가를 받던 시대에, 인상파의 그림은 '색 놀음'에 경도된 경박한 그림에 불과했다.

인상파들은 어쩌면 진짜와 가짜를 구분하고 싶었는지 모르겠다. 거리를 오가는 자동차와 철로를 달리는 거대한 기차, 시대의 빠른 변화를 이끄는 희한한 발명품들이 그들의 눈을 뜨게 한 것이 분명하다. 무섭게 변해가는 세상과 달리 그들이 사랑하는 예술은 여전히 어둑한 지하실에서 잠자고 있었다. 답답한 마음에 그들은 태양을 맞으러 밖으로 나섰다. 그리고 온몸으로 느껴지는 뜨거운 태양을 자신만의 방식대로 표현하기로 마음먹었다. 지겨운 현실을 똑같이 복제하는 역할이라면 이미 발명된 사진에게 맡기면 될 일이었으니 말이다.

조르주 쇠라Georges Seurat, 1859~1891의 「그랑자트 섬의 일요일 오후」는 화사한 빛의 생생함이 살아 있는 그림이다. 이 작품은 인상파의 그림을 그다지 혁명적인 예술로 느끼지 못했던 내게 색다른 감동과 인상을 남겼다.

가만히 들여다본 그림 속에는 빛이 있는 곳과 없는 곳이 분명하게 구분되어 있었다. 한껏 모양을 내서 차려입은 사람들의

조르주 쇠라, 「그랑자트 섬의 일요일 오후」,
캔버스에 유채, 207.6×308cm, 1884~86년, 시카고 아트인스티튜트.

동작은 하나하나 생동감 넘치는 게 흡사 보석처럼 빛난다. 모처럼 볕 좋은 휴일에 강가를 찾은 사람들은 저마다 편한 자세로 흩어져 있다. 그림자 길이로 봐선 한가로운 봄날 오후 두 시쯤이다. 그 시절엔 빨간색이 유행이었나? 유난히 붉은 옷과 붉은 우산이 많다. 연두색 잔디와 푸른빛 강물, 짙은 녹색의 그림자와 확연히 대비되는 붉은 빛이 건강한 활기를 불어넣는다.

건축에도 칙칙해진 시야를 환하게 밝혀 주는 집들이 있다. 그림으로 치자면 집이 캔버스인 것이다. 캔버스가 된 집은 뜨거운 태양과 정열적으로 만난다. 오랜 세월 동안 건축가의 관심은 빛을 집 안에 머물게 하는 것이었다. 로마시대 이래 모든 건축물들은 빛을 실내에서 어떻게 조절할 것인지에 열중해왔다. 로마 판테온 돔의 거대한 원형 구멍과 유럽 각지에서 볼 수 있는 고딕 성당들의 은밀하고 신비한 창문들이 그러하다. 현대 건축에 이르러서도 빛은 실내공간의 분위기를 조절하는 요소로 중요한 위치를 점했으나 빛 그 자체가 건축의 전부로 변모한 집은 없었다.

나는 감성적인 건축을 믿고 있습니다. 이것은 우리 인간에게 매우 중요하며, 건축은 그것의 미에 의해서 감동을 주어야 합니다. 사용자에게 미의 메시지와 감성을 제공할 수 있어야 하며, 바로 그것이 건축일 것입니다.

_루이스 바라간

강렬한 색을 담은 루이스 바라간의 건축물.

루이스 바라간Luis Barragán, 1902~1988은 멕시코 사람이다. 그는 젊은 날 멕시코시티 외곽의 황량한 땅을 사들여 자신의 집을 지었다. 고향에서 토목공학을 전공하고 유럽으로 건너가 건축을 공부했지만 그만의 독특한 건축세계는 여행을 통한 독학으로 세워졌다. 고대 건축 유물을 원 없이 볼 수 있는 그리스의 언덕이나 스페인의 알함브라 궁전 등 유럽 곳곳을 여행하면서 자신만의 건축적 눈을 갖게 되었다.

멕시코의 풍토가 물씬 풍기는 한편 유럽의 은은한 기품이 감도는 그의 건축은 아마 그가 스페인의 피가 섞인 멕시칸이었던 데서 기인하는 듯싶다. 바라간의 건축은 매우 현대적이고 미니멀한 구성주의 예술품 같으면서도 멕시코 특유의 토속적 느낌을 표현한다. 건축에 국한되지 않고 다양한 예술로부터 많은 영감을 받았고, 자신이 태어나 살아온 멕시코의 자연환경을 바탕으로 스페인과 멕시코의 문화적 차이를 그만의 방식으로 조화시킨 결과이다. 그의 건축을 보면 열정적인 적도의 태양이 느껴진다.

1967년 건축계의 노벨상이라 불리는 프리츠커상을 수상한 산크리스토발 주거단지에서, 그의 벽은 마치 태양을 그대로 담아낸 캔버스와도 같다. 적도의 강렬한 태양빛을 잔뜩 빨아들인 벽은 인상파의 그림만큼이나 눈이 시릴 정도의 선명한 색을 담고 있다. 파란색은 더욱 파랗게, 빨간색은 더욱 새빨갛게.

터프한 알갱이가 벽면에 숭숭 표현된 탓에 쇠라의 그림처럼 무수한 음영이 생겨난다. 인상파 화가들이 바라간의 집을 보

바라간에게 영향을 준 인디언 토속주택의 모습.
사진은 미국 뉴멕시코의 푸에블로다.

면 어떤 느낌을 받을까? 그들은 겨자색의 강렬한 흙과, 핑크 혹은 다홍, 혹은 좀더 강한 힘을 느끼게 하는 보라색 벽 앞에서 바라간이 표현해낸 빛의 감성을 느끼며 공감할 수 있을까? 혹시나 빨강, 핑크, 보라색 드레스를 우아하게 차려입은 여인들이 거니는 그랑자트 섬의 오후를 떠올리진 않을까?

태양을 받아들이는 것, 그래서 자연의 원초적인 색을 자신만의 방식으로 표현하는 것은 자유로운 영혼을 가진 사람만이 할 수 있는 일이다. 19세기 인상파 화가들처럼 혹은 건축가 바라간처럼. 보들레르가 충고했듯 조금은 즉흥적으로, 우발적으로, 순간적으로 살아온 영혼들에게만 가능했으리라.

바라간과 태양, 그 원초적인 색감의 관계에 대해서는 그가 한 말에서 힌트를 얻을 수 있다. "내 어린 시절 기억들의 대부분은 우리 집이 가지고 있었던 시골 농장에 많이 남아 있습니다. 언덕에 인디언 토속주택Pueblo이 많이 있던 곳으로 주택의 타일 지붕과 호우로부터 사람들을 보호하기 위한 긴 처마들이 기억납니다"라고 하면서 바라간은 그곳 땅의 붉은색을 흥미롭게 기억하고 있다고 했다. 그리고 집 밖의 말을 묶어놓기 위한 철봉과 이끼가 낀 물 흐르는 통나무 홈통이 어우러진 마을 분위기가 아주 멋졌노라고 덧붙였다. 진부함에서 과감히 탈출한 인상파처럼, 바라간은 내면에서 길어올린 순수한 감성으로 집을 그렸다. 굴레를 벗어나 진짜 현실을 찾아나선 인상파의 순수한 시선이 미술의 새로운 지평을 열었듯이, 건축계에는 답답한 실내로 어둑한 빛을 끌어들이는 가짜 연출에 매달려온 수천 년의 건축 역사 밖으로 기꺼이 나가 온몸으로 태양을 맞이한 바라간이 있다.

여행하는 공간
SJ 쿤스트할레

컨테이너는 원래 화물 수송을 목적으로 만든 규격화된 금속 상자다. 하지만 최근에는 문화 공간, 쇼핑몰, 주택 등 다양한 건축 공간을 만드는 재료로 활용되고 있다.

얼마 전 광진구 자양동 건대입구역 근처에 독특한 풍경의 쇼핑 공간이 세워졌다. 200여 개의 컨테이너를 쌓아 만든 쇼핑몰 '커먼그라운드'다. 컨테이너 쇼핑 공간 중 세계에서 가장 큰 규모다. 이전까지 최고였던 미국 라스베이거스의 '컨테이너 파크'(컨테이너 160개)보다도 40여 개 더 많다. 항구의 야적장을 연상시키는 컨테이너 더미 속으로 특별한 공간을 원하는 쇼핑객들이 몰려든다. 투박하고 가설 창고 같은 컨테이너 공간에는 대체 어떤 매력이 있는 것일까.

컨테이너는 원래 먼 거리를 이동하기 위해 만든 물건이다. 효율적으로 설계된 이 상자는 묵직한 표피와 단단한 물성을 지니

항구에 가득 쌓인 컨테이너.

고 있다. 험한 여행에도 끄떡없을 에너지, 자유로운 방랑자적 기질을 유감없이 드러낸다.

컨테이너로 지은 공간이 우리에게 신선함을 주는 이유 역시 본래의 쓰임새에서 비롯된 특성 때문이다. 상황에 따라 다양한 목적으로 사용할 수 있고, 여차하면 통째로 옮기거나 해체할 수도 있다. 유명 컨테이너 건축들이 주로 젊은 아티스트를 위한 공간, 개방형 문화 공간, 최신 트렌드의 쇼핑 공간으로 사용되는 이유도 이런 특성과 맥을 같이한다.

불과 얼마 전까지 컨테이너 건축은 공사장의 임시사무소나 무허가 창고 등의 용도로 쓰였다. 하지만 최근 들어 다양한 컨테이너 공간들이 만들어지고 있다. 그 출발점은 2009년 4월, 논현동 골목에 지어진 복합 문화 공간 '플래툰 쿤스트할레'에서 시작한다.

'쿤스트할레'는 '다양한 예술 활동을 전시하는 공간'이라는 의미다. 짙은 카키색 컨테이너 스물여덟 개를 쌓아서 만든 이 공간은 독일의 하위문화 커뮤니케이션 그룹 '플래툰platoon'의 기획으로 독일 베를린에 이어 서울에 두 번째로 지어졌다. 플래툰은 세계 곳곳 수천 명의 비주류 예술가들과의 네트워크를 통해 다양한 문화 활동을 펼치는 집단이다. 컨테이너의 물성은 이런 하위 문화적 특징을 잘 반영한다.

전시회, 공연, 시상식, 파티, 벼룩시장 등의 다양한 문화 프로그램을 운영하던 플래툰 쿤스트할레는 지난해 4월 'SJ 쿤스트

SJ 쿤스트할레.

할레'라는 이름으로 재개장했다. 운영 주체가 바뀌고 카키색이었던 외관이 백색으로 바뀌었다. 땅값 비싼 강남 한복판에서 6년간이나 버티며 서브컬처 아지트로 활약하던 예전보다 좀더 강남 지역에 어울리는 세련된 느낌으로 변했다. 예전만큼 낯설지 않고 지역에 어울리는 자연스러운 공간으로 변해가는 것 같아 다행이라는 생각도 든다.

컨테이너로 지은 이 건축물을 볼 때마다 떠오르는 예술가가 있다. 100여 년 전 변기를 예술이라고 우겨서 유명해진 마르셀 뒤샹이다. 1917년 어느 날, 뒤샹은 상점에서 구입한 변기를 '리처드 머트'라는 가명으로 뉴욕의 미술전에 출품한다. 작품명은 「샘」. 전통적 사고에 젖어 있던 기존 예술계에 정면으로 문제를 제기한 사건이었다. 뉴욕의 예술계에서는 혹평과 비난이 쏟아졌다.

하지만 이것은 도화선이었다. 이 작품을 계기로 예술을 바라보는 기존의 관점이 바뀌기 시작했다. 회화란 '이러해야 한다', 조각이란 '이러해야 한다'는 전통적 사고에서 조금씩 벗어난 것이다. 공장에서 제작한 기성품도 어떻게 정의하느냐에 따라 예술이 될 수 있게 된 마당에 예술의 경계는 의미가 없었다. 예술과 일상의 경계는 점점 더 모호해졌다.

이어 등장한 앤디 워홀은 뒤샹으로부터 촉발된 새로운 장르를 좀더 다양한 방식으로 파고든다. 워홀이 내놓은 연이은 작품들은 일상과 예술의 경계를 모호하게 만들다 못해 예술 자체를 무의미한 장난처럼 보이게 하는 데 성공했다. 뒤샹의 레디메이드 작품이 예술을 더 이상 새로울 것 없는 '선택'의 문제로 정의했다면, 워홀은 원본에서 무한히 복제된 이미지(통조림, 코카콜라, 마릴린 먼로 등)를 통해 원본과 무엇이 다른지, 그것이 어떤 의미를 갖는지 물었다. 워홀은 뒤샹의 '창조하지 않고 이미 있는 것을 선택한다'는 개념을 자신의 스타일로 전환해 새로운 예술의 가능성을 보여주었다.

어떤 물건이 원래 용도가 아닌 전혀 다른 용도로 쓰인다면 이 물건은 과연 무엇이라고 불러야 할까. 이때 예술은 '○○은 ○○이다'라는 고정관념을 벗어나 '○○은 ××이다'라는 새로운 관점으로 바라보게 하는 과정이다. 누군가가 선택한 물건 하나가 본래 쓰임새가 아닌, 생각도 못한 쓰임새가 되는 사건을 상상해보자. 만약 그 누군가가 상상하는 것이 혹시 '건축'이나 '공간' 같은 조금 크고 복잡한 대상이라면? 그런 의미에서 논현동 SJ 쿤스트할레는 '창조하지 않고 이미 있는 것을 선택한다'는 뒤샹의 전복적 사고와 복제품을 쌓아 예술로 만든 워홀의 위트를 연상케 한다.

SJ 쿤스트할레에 사용된 컨테이너는 실제 화물선에 실리는 컨테이너를 가공·변형한 것이다. 컨테이너의 길이는 국제규격대로 10피트(3미터), 20피트(6미터), 40피트(12미터)이고, 폭과 높이는 일부 변형했다. 이런 컨테이너 스물여덟 개를 쌓았다.

일부 컨테이너의 벽과 바닥은 제거하고 문이나 창을 내기도 했다. 쓰임새에 따라 어떤 컨테이너에는 바닥을 뚫어 아래·위 공간을 연결하는 계단을 설치했고, 공중을 가로지르는 브리지나 작

SJ 쿤스트할레 컨테이너의 내부.

은 방들을 연결하는 복도를 기능적으로 배치해 다양한 프로그램을 담을 수 있게 했다.

원래 이 공간은 서브컬처의 메시지라 할 '일상과 예술 간의 자유로운 소통'이 이루어지는 장소로서의 정체성을 지니고 있었다. 서브컬처란 기성 문화에 대한 비판적 시각을 바탕으로 창조 및 영위되는 것이다. 권위·규율·고정관념을 비틀고 새로운 시각과 개념을 발견하고, 일상의 활력을 만들어내는 일종의 문화운동이라 할 수 있다. 하지만 현재의 SJ 쿤스트할레는 예전처럼 비주류 문화 아지트에 머물지 않고, 강남의 보편적 주류 문화까지 담을 수 있는 복합 문화 공간으로 변화하는 중이다.

주말 이른 아침, 이곳을 찾은 방문자는 도시의 폭력적 소음과 풍경에서 벗어나 이국적 공간 안에서 잠시 눈을 감을 수 있다. 그리고 이 공간으로부터 확장된 어떤 풍경을 상상해본다. 낯선 나라로 실려가기 위해 넓은 항구에 놓인 컨테이너들, 그 위로 작렬하는 태양의 열기와 비릿한 내음, 여유로운 물결의 잔상이 차례로 겹쳐진다. 고리타분한 일상이 활기 넘치는 여행의 순간으로 바뀌면서 일상을 구축하고 있던 벽의 두께는 헐거워지고 방문자는 어떤 경계선 위에 서 있는 듯한 체험을 한다.

SJ 쿤스트할레는 안과 밖, 일상과 여행, 컨테이너와 건축, 기성품과 작품 사이에 놓여 있다. '샘'이라는 이름의 변기만큼 '쿤스트할레'라는 이름의 백색 컨테이너 더미도 제법 예술적이라는 생각이 든다.

생활의 여백, 계단

C씨의 하루. 아파트 10층에 사는 그는 아침 일곱 시 집을 나와 계단을 걸어 내려간다. 부족한 운동시간을 확보하기 위해서다. 아파트가 언덕에 있어 버스정류장까지 가는 길에는 80단쯤 되는 계단이 있다. 버스를 타고 지하철역에 내리면 또다시 계단이다. 열차 플랫폼까지 한참 걸어 내려간다. 열차를 타고 사무실이 있는 역에 도착하면 이번엔 약 100단쯤 되는 계단을 오른 다음 꽤 긴 에스컬레이터를 타고 지상으로 나와야 한다. 에스컬레이터 위에서도 그는 계속 걷는다. C씨의 사무실은 4층에 있다. 그는 마지막으로 약 50단의 계단을 올라 출근을 마친다. 대충 계산해보면 C씨는 매일 아침 300단 가량의 계단을 내려간 다음 다시 200단쯤의 계단을 오르는 셈이다. 그는 출퇴근 때 17층을 내려간 다음 다시 12층을 올라가는, 이를테면 계단 위의 시간을 보낸다.

우리는 하루에 얼마나 많은 계단을 오르내릴까. C씨의 출근 과정은 도시에 사는 사람들의 일반적 풍경이다. 출근 풍경을 계단으로 환산해보면 도시는 하나의 거대한 수직 건축물처럼 느껴진다. '도시에서 산다'는 말을 다른 말로 '계단을 오르내린다'라고 해도 별 상관없지 않을까. 현대 도시의 모든 크고 작은 공간들은 결국 계단과 계단으로 연결되어 있다. 하지만 모든 도시의 계단들이 모조리 누군가의 출퇴근 계단처럼 건조한 대상으로 읽히는 것은 아니다. 어떤 계단은 한 도시의 대표적 공공장소로 사랑받기도 하고, 어떤 계단은 영화에서 가장 인상적인 장면을 연출하는 중요한 무대가 되기도 한다.

로마의 명소 중 하나인 스페인 광장은 계단이다. 계단을 광장이라 부르는 것은 계단이 말 그대로 광장의 역할을 하기 때문이다. 계단 위와 아래를 오르내리기 위한 목적뿐 아니라 사람들을 만나고 서로 대화하고 휴식하는 목적을 갖춘 공간으로서, 로마의 일상적 풍경을 느긋하게 감상할 수 있는 열린 광장이 된 것이다. 사실 스페인 광장 계단은 단 폭이 넓고 높이는 낮아 일반적인 계단치고는 완만하다. 통상적인 계단 각도로 만들어졌다면 아마 현재의 한가로운 풍경과 공간 활용은 불가능했을지 모르겠다. 느슨한 오르막 각도와 넓은 계단참은 계단을 오르내리는 목적으로만 바라보는 대신 때때로 주저앉아 쉬고 싶어지도록, 즉 휴식의 장소로 느끼게 했을 것이다. 오르다 드러눕고 싶은 계단이랄까. 오드리 햅번의 영화 「로마의 휴일」은 이 공간을 나른하고 여유로운 로마의 대표적 풍경으로 전세계인에게 알렸다. 아이스크림을 홀짝거리던 오드리 햅번과 배경이 된 계단 위의 할 일 없는 사람들이 아니었다면 영화 「로마의 휴일」은 현재의 명성보다는 조금 평범한 영화로 남지 않았을지. 때로는 멋지고 화려한 건축물보다 모두에게 개방된 공공 계단 하나가 그 도시를 기억하게 하는 중요한 요소가 되기도 하는 것이다. 몇 해 전 뉴욕 타임스퀘어의 더피 광장에 지어진 레드카펫 계단처럼 말이다. 『뉴욕타임스』는 이 계단에 대해 "브로드웨이에서 가장 전망 좋은 자리는 무료"라는 찬사를 보냈다. 사람들이 가장 사랑하는 장소에 작지만 멋진 아이디어를 보태 공공 공간의 매력을 돋보이게 한 훌륭한 사례. 대중의 사랑을 듬뿍 받는 건 물론이다. 계단의 전면은 매표소. 당일 공연하는 뮤지컬 티켓이나 연극표를 반값에 파는 열두 개의 공공 티켓 부스로 이루어졌다. 부스의 뒤편에는 레드카펫을 연상시키는 계단이 있고, 사람들은 그 위에 걸터앉아 대화를 하고 휴식을 취한다. 가끔 앞에서 공연이 벌어지면 자연스럽게 야외 객석이 된다. 거리 자체가 극장이 되고 객석이 되는 것이다. 불과 5미터 높이의 작은 매표소 지붕이 도시를 상징하는 훌륭한 아이콘이 되고, 사람들은 그 위에서 브로드웨이의 분위기를 만끽한다. 싼 값에 공연을 보러 온 팬들의 집결지로서 누구나 잠시나마 스타처럼 레드카펫 위를 거닐 수 있도록 계단 자체를 레드카펫으로 만든 발상이 재미있고 신선하다.

이렇듯 유명한 도시에는 어디든 인상적인 계단이 하나 둘 있기 마련이다. 파리에는 특히 기억할 만한 계단이 많은데, 가령 벼룩시장이나 작품전시장이 되기도 하고 상시적으로는 거리 예술가들의 작업장이며 파리 시내를 내려다보는 가장 멋진 전망대이기도 한 몽마르트르 언덕은 그 자체가 큰 계단이다. 힘들게 걸어 올라야 하는 높은 언덕에 전세계에서 온 사람들이 하루 종일 붐빈다. 또한 파리 신도시 라데팡스의 그랑다슈La Grande Arche를 받치는 기단은 거대한 백색 계단이다. 계단 앞 광장 쪽에서 바라보면 계단 자체가 또 하나의 광장처럼 보인다. 늘 많은 사람들이 계단에 걸터앉아 대화하고 차와 스낵을 즐기고, 휴식하고 있다. 개선문 쪽을 바라보는 계단 은 구도시와 신도시를 잇는 일직선 가로 축의 관람석 역할을 하며 과거의 파리와 미래의 파리를 상징적으로 연결한다. 개선문에서 그랑다슈로 이어 지는 직선의 풍경 축이 고풍스럽고 아기자기한 파리의 흔한 분위기와는 전혀 다른 현대 도시의 스펙터클한 경관을 만들어내고 있는 것이다. 계단 을 통한 도시경관 연출기법이라 해야 할까. 최근 도시 공공 공간에 대한 관심이 커지고 있는 우리에게도 참고가 된다.

세계 유명 도시 사례처럼 모두에게 사랑받는 공공장소로서의 계단이 서 울에도 하나쯤 있으면 좋겠다는 생각을 해본다. 서울엔 어떤 계단이 있을 까. 국가의 상징 거리라 불리는 세종로의 광화문 광장. 자동차 도로로 둘 러싸인 채 어정쩡한 폭을 갖게 되었고, 그러다 보니 보행자를 위한 광장 이라기보다는 거대한 교통 섬처럼 되어버렸다. 최근 세종문화회관 쪽 인 도와 연결해 보행자들이 길을 건너지 않고도 직접 광장을 이용할 수 있 도록 하기 위한 리모델링을 추진 중이다. 이참에 세종문화회관 본관과 별관 사이 계단을 서울을 대표하는 공공 계단으로 활용하면 어떨까 상상해본다. 독재 시대의 유물로, 권위적인 분위기의 건축물이지만 그런 사연 탓에 새로운 시대의 소통 명소로 거듭날 역설적인 명분도 지니고 있다. 이 계단 위에서는 이미 다양한 풍경들이 펼쳐지고 있다. 계단 전체를 거대한 캔버스 삼아 페인팅아트로 물들이기도 하고, 도시농사의 실험장으로 사용되기도 하고, 거리 공연을 위한 객석이 되기도 하고, 토론회와 집회가 수시로 열리기도 한다. 주말마다 벼룩시장을 열거나, 외국인을 위한 여행 정보 부스와 연계하는 간단한 아이디어만으로도 계단은 지금보다 훨씬 활력 있는 장소로 거듭날 수 있을 것이다.

스웨덴 스톡홀름에 있는 지하철역 오덴플란. 이 역은 계단 때문에 세계적 명소가 되었다. 운동이 부족한 시민들에게 계단 이용을 장려하기 위해, 계단을 피아노 건반 모양으로 바꾸고 밟으면 소리가 나도록 한 것이다. 그러자 사람들은 그저 빠르게 오르내리던 계단을 특별한 공간으로 인식하기 시작했고 그 즐거움 때문에 계단을 이용하는 사람들이 늘어났다고 한다. 굳은 얼굴이 펴지고, 바쁜 일상에 여유를 주고, 어른과 아이가 함께 노는 진정한 소통 장소가 된 것이다. 작은 생각 하나만으로도 우리 주변의 계단은 사람들을 즐겁게 할 수 있다. 갑갑한 도시에 숨통을 틔워주는 여백으로서의 '계단'을 기대해본다.

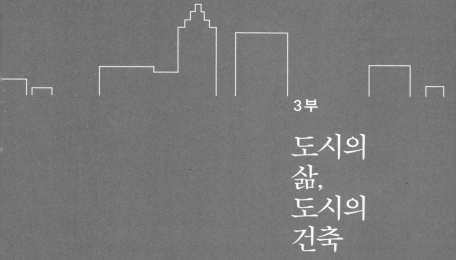

3부

도시의
삶,
도시의
건축

괴물, 예술이 되다
에펠탑

추상화가 로베르 들로네Robert Delaunay, 1885~1941의 에펠탑 시리즈를 보면 당시 파리의 분위기를 알 수 있다. 너무나 컸기 때문에 캔버스에 제대로 담기 힘든 피사체였던 에펠탑은 하는 수 없이 조각조각 분해되어 작은 화폭 속에 앉혀졌다. 들로네의 에펠탑 파편은 보석처럼 빛나고, 색채는 강렬하다. 태양을 흠뻑 빨아들인 큐브처럼 빛의 혼돈이 만들어낼 수 있는 모든 색채가 캔버스를 수놓는다. 에펠탑이 들어서면 파리를 떠나겠다고 호언했던 모파상과는 달리, 들로네는 에펠탑으로부터 풍부한 예술적 영감을 얻었다. 들로네가 에펠탑을 그리기 시작할 무렵, 파리는 온갖 현대예술이 희망을 노래하던 장소였다. 현대문명이 만들어낼 엄청난 진보의 시대를 기대하며 당시 파리에 모여 살던 유럽의 지식인들은 열광했다. 사진기술이 발명되고, 영화가 상영되고, 미술은 고전양식에서 완전히 벗어나 새로운 가능성을 실험했다. 그리고

로베르 들로네, 「에펠탑」, 캔버스에 유채, 202×138.4cm, 1911년, 뉴욕 구겐하임미술관,

커다란 변화의 정점에는 반짝반짝 빛나는 에펠탑이 서 있었다.

영화 「동정 없는 세상」(1989)에서는 남자와 여자가 조명이 환히 켜진 아름다운 에펠탑 앞에서 대화하는 인상적인 장면이 등장한다. 변변한 직업이 없는 젊은 남자는 동생에게 얹혀사는 처지로 암울한 시대를 힘겹게 살아간다. 하지만 결코 현실에 좌절하거나 비관하는 법은 없다. 오히려 대책 없는 자존심과 낭만을 무기삼아 우울한 한계를 돌파하려는 몽상가다. 남자가 에펠탑 앞에서 여자에게 말한다. "저 불빛이 꺼질 거야." 그리고 손가락을 '탁!' 하고 튕기자 에펠탑의 불빛이 하나둘 꺼지고, 남자는 준비한 시를 여자에게 멋들어지게 속삭이고는 키스를 한다.

영화의 배경이 된 1980년대 말은 프랑스의 청년 실업문제가 심각했던 때였다. 「동정 없는 세상」 속 가난한 남자와 중산층 여자의 불안한 사랑이라는 설정은 당시 우울한 시대 상황을 풍자하면서 한편으로는 사람 사이의 관계에서 어떤 희망을 찾아보려는 낭만적 내러티브로 읽혔다. 아무 희망 없는 남자가 장난 같은 신호를 보냈을 때 거대한 에펠탑이 즉답을 해주는 그 장면은 터무니없지만 그래서 따스했고, 냉담한 현실 속에서도 어떤 희망의 메시지처럼 느껴졌던 것이다. 아무도 내 말을 들어주지 않는 냉정한 도시에서 오직 그 탑과 여자만이 남자의 말을 들어주었으니까. 파리 사람들에게 에펠탑이라는 존재가 어떤 의미인지 직관적으로 이해되는 흥미로운 장면이었다. 일찍이 프랑스의 석학 롤랑 바르트는 「에펠탑」(1964)이라는 글을 통해 이렇게 말했다. 에펠탑은 보는 대상이면서 시선이고, 능동적이면서 동시에 수동적인 완전한 동사이며, 시선의 양성兩性을 지닌 완전한 오브제라고. 또 롤랑 바르트는 이렇게 덧붙였다. "에펠탑은 모방할 수 없는 대상이며 끝없이 복제되는 상품이고 모든 시대와 모든 이미지, 모든 감각에 대해 개방된 순수한 기호이며 제약 없는 자유로운 은유다." 에펠탑은 그저 크기만 한 철골 건축물이 아니라 125년의 역사 속에서 사람들의 삶과 함께 도시의 대표적 상징으로, 또한 다양한 상상력의 대상으로 지금까지 서서히 존재감을 확대해왔다. 에펠탑은 영화 속에서, 미술작품으로, 패션의 모티프로, 제품의 콘셉트로 스스로의 존재 가치를 꾸준히 넓혀가며 세상에 존재하는 것 중 가장 파급력 강한 예술적 오브제로 인정받고 있다.

　1889년 프랑스 대혁명 100주년을 기념해 건설한 에펠탑은 경관적 측면에서 보면 현재 시점에서도 파리의 고즈넉한 풍경과는 그리 잘 어울리지 않는다. 다만 오랜 시간 에펠탑이 그 장소를 점유하면서 얻은 친밀감과 익숙함으로 대체 불가능한 경관이 된 것일 따름이다. 18세기 후반 석조 건축물 일색의 나지막한 건물 군으로 이루어진 파리의 경관은 당시 주변국의 대도시와 비교하더라도 더 고답적인 분위기였다. 게다가 그 시기의 프랑스는 프로이센과 벌인 전쟁 패배의 충격으로 나라 전체가 우울한 상황이었다. 프랑스는 새로운 도약의 전기를 마련하기 위해 묘수를 찾고 있었다. 그 돌파구가 1889년 만국박람회다. 에펠탑은 박람회장의 관문을 세우는 프로젝트로서, 1789년 프랑스 대혁명으로 발현되

에펠탑은 건설 당시 거대하고 기괴한 구조물이라는 비난을 받았다.

었던 프랑스 시민의 힘을 세계 만방에 다시금 드러내며 미래 의지를 고취하려는 목적을 지니고 있었다.

7만 3,000톤의 강철, 1만 3,038개의 들보와 철판, 105만 846개의 리벳과 볼트, 1,665개의 계단, 높이 324미터. 1889년 3월 31일 완공된 에펠탑의 건설 사양은 현재 기준으로 보더라도 어마어마하다. 봉건시대의 잔재가 여전히 남아 있던 당시 유럽에서, 거대하고 기괴한 구조물이라는 비난이 일었던 건 당연한 일이었다. 건립 중단을 요구하는 다양한 민원과 시위가 이어졌는데 특히 파리의 예술가들은 할 수 있는 모든 수사를 동원하여 에펠탑에 대한 혐오와 경멸을 아끼지 않았다. 특히 소설가 모파상은 에펠탑 내부에 마련된 식당에서 자주 식사를 했는데, 그 이유를 물었더니 "파리 시내에서 에펠탑이 안 보이는 유일한 장소이기 때문"이라고 답했을 정도로 에펠탑을 싫어했다. 1892년 미국 정부에서 발행한 『파리 만국박람회—토목공학, 공공 토목 공사와 건축』이라는 논문에 게재된 문구도 눈에 띈다. "향후 20년간 우리가 도시 전체에서 보게 될 이것이 수 세기에 걸쳐 내려온 파리의 미관을 위협하고 있고 우리는 철판으로 엮인 역겨운 기둥들의 검게 얼룩진 혐오스러운 그림자를 보게 될 것이다"라는 논문 구절은 비난을 넘어 차라리 저주에 가까운 수준으로, 당시 에펠탑 건립을 둘러싼 논란이 어느 정도였는지 짐작하게 한다. 하지만 우여곡절 끝에 에펠탑은 완공되었고, 온갖 비판과 비관적 관측에도 불구하고 당시 박람회 기간 동안 200만 명 이상이 탑에 오르는 기록을 세웠다.

에펠탑은 본래 설계자였던 에펠의 소유권이 일단 20년간 보장되어 있었기 때문에 1909년 이후 소유권이 파리로 넘어가면 철거하기로 되어 있었다. 애초 설계공모 조건에도 임의로 철거할 수 있다는 내용이 포함되어 있었다. 하지만 세계대전 발발 후 에펠탑이 적의 통신을 방해하는 역할을 수행하면서 에펠탑의 운명은 조금 방향을 달리하기 시작한다. 이후 에펠탑은 프랑스 최초의 라디오 방송용 송·수신탑으로 사용되었고, 우체국과 신문사 등이 들어와 사회 기간시설의 소임을 이어갔다. 1940년 파리가 독일에 점령당했을 때 에펠탑 위에 대형 하켄크로이츠가 걸렸는데 강한 바람에 얼마 버티지 못하고 날아가버린 일이 있다. 파리에 입성한 히틀러는 에펠탑에 올라 프랑스 정복을 세계에 과시하려 했으나 승강기 고장으로 1,600여 개의 계단을 올라야 해서 결국 포기했다. 이로 인해 히틀러가 프랑스는 이겼지만 에펠탑은 이기지 못했다는 말이 돌았고, 이는 자존심이 무너진 프랑스 국민에게 큰 위로를 주었다. 1944년 8월 연합군이 파리 인근까지 진격해오자 히틀러는 파리 담당관 콜티츠 장군에게 에펠탑을 파괴하라고 명령했다. 하지만 명령은 수행되지 않았고 프랑스 국민의 자존심 에펠탑은 살아남았다. 두 번의 전쟁 후 에펠탑은 파리 시민들에게 시대의 고난을 함께 극복한 의지의 기념비로 자리매김 했다. 동고동락한 세월 동안 벌어진 여러 사건들이 에펠탑의 가치를 두텁게 만들어준 셈이다. 한때의 흉물이 세계의 그 어떤 기념비

우아하면서도 강력한 상징물로 새롭게 태어난 에펠탑.

보다 우아하면서도 강력한 상징물로 새롭게 태어난 것이다.

로베르 들로네의 에펠탑은 앞선 시대 파리 예술가들이 비난했던 흉측한 철재 건축물이 아니었다. 그의 에펠탑은 「동정 없는 세상」의 희망 없던 남자에게 화답했던 판타지 속 오브제에 가까웠다. 또는 롤랑 바르트의 말처럼 끝없이 복제되며 시대의 모든 이미지, 모든 감각에 개방적인 순수하고 자유로운 예술적 기호였다.

로베르 들로네가 100년 전 묘사했던 에펠탑은 새로운 시대를 향해 빛나는 숨겨진 보석이었다. 그리고 100년 후 에펠탑은 그림에서 밖으로 나와 실재하는 도시의 보석으로 빛나고 있다. 말도 많고 탈도 많았던 험난한 20세기를 파리 시민과 함께 버텨준 살아 있는 유적으로.

나무로부터 나무에게로
토즈 빌딩

내 일은 내가 하고, 당신 일은 당신이 하는 것.

내가 당신의 기대에 따라 이 세상을 살아가는 것이 아니며,

당신 또한 나의 기대에 따라 이 세상을 살아가는 것이 아닌 것.

당신은 당신, 나는 나.

우연히 서로를 발견한다면 그것은 아름다운 일.

그렇지 못할 땐 어쩔 수 없는 일.

_프리츠 펄스

위의 글은 사람과 사람, 그 사이間에 대해 말하고 있다. 다름과 차이, 그리고 상호 존중에 대해. 정신분석학자인 프리츠 펄스의 말을 곱씹는 동안 내 머릿속에는 두 개의 이미지가 떠올랐다. 소나무 숲의 고요를 담은 배병우의 흑백사진과 박수근의 나무 그림이었다. 왜 하필이면 나무였을까? 땅에 단단히 뿌리 내린 나무

나무는 사람보다 사람을 더 닮았다.

는 계절이 네 번 바뀌는 동안 네 번 옷을 갈아입는다. 누구의 도움도 필요 없는 독야청청인 존재인가 싶지만 물, 바람, 해의 도움 없이는 생명을 이어갈 수 없다. 나무는 사람보다 더 사람을 닮은 신비한 존재다.

프리츠 펄스의 글은 얼핏 냉담하게 느껴지지만 상호 간의 존중과 평등을 이야기한다. 서로의 차이를 인정하는 것이야말로 함께 살아가는 기본 자세임을 힘주어 말한다. 또한 진심으로 서로의 차이를 발견하고 인정하면서 편안한 거리를 유지하는 것은 쉽진 않지만 아름다운 일임에 분명하고, 반대로 원치 않는 관계를 강요하거나 힘의 차이를 이용한다면 그것이 온전한 사이ᄈᄈ이겠느냐고 반문한다. 이에 내 머릿속에는 서로 무심한 듯 어깨를 드리우며 각자의 길로 뻗어가는 나뭇가지들이 떠올랐다. 서로의 영역을 침범하지 않고 존중하는 것이 삶의 유일한 순리임을 나무의 삶을 통해 수긍하게 되는 것이다. 간혹 제 갈 길을 못 가고 뒤엉켜버린 나뭇가지를 보면 편안한 간격을 무시하고 들러붙어 갈등하다가 서로 성장을 막는 사이가 되기 일쑤인 수많은 인간사의 사례들이 오버랩 된다. 여기서 잠시 신영복 선생의 에세이 「소광리 소나무숲」의 한 구절을 읽어보자.

그 긴 세월을 온전히 바위 위에서 버티어온 것에 이르러서는 차라리 경이였습니다. 바쁘게 뛰어다니는 우리들과는 달리 오직 '신발한 켤레의 토지'에 서서 이처럼 우람할 수 있다는 것이 충격이고 경이였습니다.

_신영복, 「소광리 소나무숲」(『나무야 나무야』 수록, 돌베개, 1996)

얕은 귀로 부화뇌동하며 여기저기 바쁘게 뭔가를 찾아다니는 사람에게는 나무가 건네는 삶의 자세가 보이지 않는다. 그런 이에게 나무란 그저 무덤덤한 물건, 사람과 다른 존재일 테니 말이다. 그래서, 오랜 세월 사람과 나무 사이에는 존중과 평등이 희박했다. 나무는 고작 땔감이나 집을 짓는 건축 재료로서, 혹은 청정한 공기를 공급하는 무한정한 자원으로서, 세속의 어지럽혀진 시야를 정화해주는 보기 좋은 관람의 대상으로서, 헌신적으로 사람에게 무언가를 주기만 하는 존재로 인식되었다.

나무는 우리에게 위안을 주고 오염되지 않은 순수한 삶의 태도를 동경하게 만든다. 그래서 나무의 본질을 진작부터 알아챈 예술가들은 작품 소재로서의 나무를 사랑했다. 작품 속 나무는 늘 사람의 마음에 작은 파장을 만든다. 작은 경종을 울리고 지나온 삶을 뒤돌아보게 한다. 그래서인지 나무를 그린 그림은 보고만 있어도 위로가 되고, 나무를 찍은 사진은 어떤 대가의 작품보다 충만한 감정을 일으킨다.

나무와 사람이 평등한 존재로 서로를 존중하는 아름다운 그림이 하나 있다. 화가 박수근1914~1965의 1962년 작품인 「나무와 두 여인」이다. 나무를 소재로 한 여느 그림과 확연히 다른 점은 사람과 나무가 서로의 배경이 되지 않고 친구처럼 양립해 그

박수근, 「나무와 두 여인」, 캔버스에 유채, 130×89cm, 1962년.

려져 있다는 점이다. 박수근에게 나무는 곧 사람이었던 것 같다. 그의 그림 속 인물은 얼핏 나무인 듯하고, 나무는 사람인 듯 닮아 둘은 편안하게 공생하며 기대어 있다. 아이를 업은 아낙과 머리 위에 바구니를 짊어진 아낙은 고달픈 삶을 살아가는 우리의 모습과 그리 다르지 않다. 두 아낙 사이에 위치한 거친 질감의 나무 한 그루는 또 한 명의 아낙처럼 보인다. 다소 경박하게 느껴질 만큼 요동하는 나뭇가지의 움직임에서는 고단한 삶에 위로를 건네려는 작가의 마음이 읽힌다.

　나무를 사람과 평등한 관계로 표현하여 우리에게 위안을 주는 것이 박수근이라면, 나무를 사람보다 더 활기찬 존재로 표현함으로써 특별한 자극을 주는 이도 있다. 사진작가 배병우1950~다. 그의 소나무 연작은 흡사 사람에 대한 의인화다. 비틀리고 벌어졌다가 다시 모여들어 조화를 이루는 굳건한 가지들이 겹쳐진 풍경은 우리가 살아내는 세상의 풍경과 다르지 않다. 가지들은 어지럽게 엉키더라도 서로 접하지 않고 일정한 간격을 유지하며 각자의 삶을 살아간다. 이것이 나무가 사람에게 가르쳐주는 지혜다. 배병우의 나무 사진을 응시하다 보면 어느 순간 나는 사진 속의 나무가 되어버린다.

　박수근과 배병우의 작품이 건물 표면에 그대로 입혀진 듯한 건축물이 있다. 일본 건축가 이토 도요伊東豊雄, 1941~가 설계한 토즈(2002) 빌딩이다. 이탈리아 패션 브랜드인 토즈의 상품을 전시하고 파는 상업 건물이다. 토즈 빌딩은 나무의 형상을 추상화하

나무의 형상을 추상화하여 건축한 도쿄 오모테산도의 토즈 빌딩.

여 외관에 옮기는 아이디어를 통해 본질적으로 자연 파괴적인 건축의 한계를 각성하고 건물의 입면을 회화적 관점에서 구성한 특별한 사례다. 도쿄 오모테산도 거리에 서 있는 회색의 콘크리트 나무 형상은 큰 규모는 아니지만 개성적인 외관으로 무덤덤한 상업거리에 신선한 즐거움을 준다. 낮에 만나는 토즈 빌딩은 건물 구조 자체가 그대로 드러나는 솔직함과 무덤덤함이 돋보이고, 밤이면 네온사인 가득한 도시의 단조로운 풍경 속에서 특유의 발랄한 빛의 실루엣을 만든다. 화려한 상업 건물이 즐비한 오모테산도 거리에서 시민들로 하여금 잔잔한 동질감을 느끼게 하는 방법으로 '나무 은유'를 택한 것은 탁월하다. 자연의 풍경으로 일상을 치유하려는 건축적 배려는 도시인들의 고단한 삶을 어루만진다. 이쯤에서 프리츠 펄스의 말을 다시 한 번 곱씹어본다.

> 내 일은 내가 하고, 당신 일은 당신이 하는 것.
> 내가 당신의 기대에 따라 살아가는 것이 아니고,
> 당신 역시 내 기대에 따라 살아가는 것이 아닌 것.
> 당신은 당신, 나는 나.
> 우연히 서로를 발견할 수 있다면 그것은 아름다운 일.
> 그렇지 못할 땐 어쩔 수 없는 일.

살다 보면 상대와의 적절한 거리를 유지하는 것이 얼마나 힘든지 깨닫게 된다. 우리의 삶은 타인과의 관계에서 필요 이상의

토즈 빌딩의 입구.

가까운 거리나, 원치 않는 먼 거리를 강요하기도 한다. 그로 인해 우리는 상처를 주고받고 더러 타인의 삶에 무례한 침입자가 되기도 하는 것이다. 우리는 이런 부조리한 관계를 인생이라 여기며 살아간다. 하지만 다행스럽게도 지혜로운 존재가 우리 주변에 있다. 그 존재의 이름은, 나무다.

사람보다 훨씬 담대하고 넉넉하며 어떤 역경에서도 자신감 있게 살아가는 나무가 우리 곁에 있다. 오늘이 힘겨운 사람들에게 나무는 언제나 같은 표정으로 묻는다. 당신은 어떤 모습으로 살아가고 있느냐고, 당신은 어떤 마음으로 살아가고 있느냐고. 그럴 때면 내면의 혼잣말로 종종 고백하곤 한다. 바라건대 나무처럼 늘 변치 않는 존재로 살아가고 싶다고.

신영복 선생은 말한다. "처음으로 쇠가 만들어졌을 때 세상 모든 나무들이 두려움에 떨었다. 그러나 어느 생각 깊은 나무가 말했다. 두려워할 것 없다. 우리들이 자루가 되어주지 않는 한 쇠는 결코 우리를 해칠 수 없는 법이다."

나무를 닮은 그림과 사진과 건축은 우리의 깊은 불안을 조금이나마 희석시키고 한발쯤 떨어져 지나온 삶을 바라보게 한다.

건축으로 광고하기
SKT 타워

아프리카 칼라하리 사막에는 문명과 단절되어 살아온 '부시먼족'이라는 소수 종족이 있다. 평화롭지만 다소 심심하게 하루하루를 지내던 어느 날, 하늘에서 난데없이 코카콜라 병 하나가 떨어진다. 필시 심상치 않은 물건일 거라고 판단한 추장 카이는 물건 주인을 찾기 위해 사막을 가로질러 문명세계로 여행을 떠난다.

초등학교 시절 친구들과 감명 깊게 봤던 「부시맨」(1980)을 딸과 함께 케이블TV로 다시 봤다. 어릴 적 본 옛날 영화를 아이와 함께 보면서 같이 웃고 공감하는 것이 흔한 경험은 아닐 텐데, 「부시맨」은 그런 경험을 제공해주는 영화였다. 수십 년이 흘러 영상은 촌스럽고 감각은 낡았더라도 이 영화는 세월과 세대를 뛰어넘어 재미와 공감을 불러 일으킨다. 아이도 알고 나도 아는 어떤 물건 때문이다. 영화에 등장하는 코카콜라 병은 20세기를 대표하는 문화 아이콘이다. 부시맨은 우연히 코카콜라 병을 만나게

1915년 최초로 만들어진 컨투어 병.

되면서 지금껏 알지 못했던 문명사회를 경험하게 된다.

코카콜라는 1886년 미국 애틀랜타에서 약국을 운영하던 존 펨버턴이 만들었다. 남미산 코카나무 잎과 아프리카산 콜라나무 열매에서 추출한 원료를 사용했다는 이유로 코카콜라라는 이름이 붙었다. 코카콜라를 대표하는 잘록한 컨투어 병Contour Bottle은 1915년 처음 개발되었다. 인디애나 주 루트 유리공장의 디자인 담당자였던 알렉산더 새뮤얼슨은 기존 병의 직선적 형태에서 탈피하여 중간 부분에 볼륨감을 주는 새로운 형태를 제시했다. 이것이 우리가 알고 있는 코카콜라 병의 시초인 컨투어 병이다. 어둠속에서도 감촉만으로 코카콜라임을 알게 해줄 뿐 아니라, 잡았을 때 잘 미끄러지지 않고 양이 많아 보이지만 실제로는 적은 양이 담겨야 하는 기본 원칙에도 충실하다. 한편으로는 여성의 몸을 연상시키는 섹스어필의 이미지가 코카콜라를 더 특별한 상품으로 각인시켰다. 코카콜라는 이제 단순한 제품 브랜드를 넘어 젊음·자유·자본을 상징하는 세계적인 문화적·경제적 아이콘으로 자리 잡았다.

코카콜라의 성공 사례에서 보듯 현대는 디자인이 상품의 성패를 좌우하는 세상이다. 디자인이 곧 커뮤니케이션이며 브랜드 파워다. 소비자의 머릿속에 어떤 이미지를 어떻게 남기느냐가 성공의 관건이 된다. 코카콜라는 섹시하게 잘 빠진 병 모양으로 강렬한 촉각적 이미지를 전달했고 나이키는 날렵한 로고 하나로 대중에게 간결한 시각적 이미지를 각인시켰다. 머릿속에 이식된 이미지가 사람의 감성을 흔들면, 그 상품은 성공가도를 달리기 시작한다. 쉬워 보이지만, 말처럼 쉽지 않은 성공이다. 얼마나 오랜 시간 지속적으로 대중과 접촉할 수 있는가가 중요할 것이다. 짧게는 몇 달, 길게는 수십 년이 걸릴 수도 있다. 막대한 광고비만 투자하다 끝나고 싶지 않다면 접근법을 달리해야 한다. 어떤 방법이 있을까? 특히 디자인의 대상이 건축이라면?

> 우리 눈앞에 보이는 것과 우리 머릿속에서 떠오르는 생각 사이에는 기묘하다고 말할 수 있는 상관관계가 있다. 때때로 큰 생각은 큰 광경을 요구하고 새로운 생각은 새로운 장소를 요구한다.
>
> _ 알랭 드 보통, 『여행의 기술』, 정영목 옮김(청미래, 2011)

익숙한 서울 도심 거리를 걷다가 이상한 느낌에 사로잡힐 때가 있다. 그날도 종로2가에서 청계천을 지나 명동으로 터덜터덜 걸어가는 중이었는데 이전에는 감지하지 못했던 생소하고 이질적인 느낌이 몸 전체에 훅 밀려 들어왔다. 하늘에서 떨어진 코카콜라 병을 주워 든 부시맨의 심정과 별로 다르지 않았다고 할까. 마침 도심 거리는 가로등이 하나 둘 켜졌고 도로를 가득 메운 퇴근길의 자동차 열기와 서쪽 하늘의 노을이 편안한 저녁 풍경을 만들어내는 중이었다. 그때 재미있는 건축물 하나를 발견했다. 그것은 꽤나 노골적인 광고처럼 보였다. 평범하지 않은 건축적 형태지만 건축가는 일상적인 모티프를 통해 그 광고를 표현하고 싶었던

영화 속 디지털 코드처럼 잘게 쪼개진 SKT 타워의 외벽.

것 같다. 빌딩 외벽은 영화 「매트릭스」의 오프닝 타이틀 장면에 등장하는 디지털 코드마냥 잘게 쪼개진 입면으로 이루어져 있다. 디지털 통신업을 하는 기업의 또 다른 이미지로서 적합하다. 넓은 외벽 표면은 마치 물고기 비늘처럼 반짝거리는데 그것이 불규칙한 리듬감을 만들면서 자칫 심심해질 수 있는 외관에 운동성과 활력을 부여한다. 낮에는 강물에 떨어지는 빛 조각처럼 자유롭게 꿈틀거리는 이미지, 밤에는 실내조명 탓에 복잡한 디지털 코드의 이미지로 캄캄한 하늘을 향해 스마트 신호를 쏘아올린다.

이때 건축은 소비자의 일상을 파고들어 지속적인 소통과 자극을 위해 고안된 대형 광고판과 다를 바 없다. 건축물이 살아 있는 한, 도심 한쪽에서 유의미한 메시지를 던지며 당당하게 비즈니스의 한축을 담당하게 된다. 홍콩 건축가 아론 탄Aaron Tano이 디자인한 SK텔레콤 본사 사옥(2002)은 건물 상층부가 도로 쪽으로 쓰러질 듯 꺾여 있다. 물론 사선제한이나 최고높이 등의 까다로운 건축법규 조건을 해결하기 위한 과정에서 나온 형태일 수도 있고 외관에 대한 건축주의 특별한 요구에 의한 것일 수도 있다.

하지만 소비자 입장에서 보면 정중하고 예의 바르게 인사하는 사람의 이미지가 떠오르고, 한편으로는 개인 간의 수많은 스마트 신호를 연결해주는 커다란 안테나처럼 보이기도 한다. 이쯤 되면 소비자인 거리의 대중들은 이 건물의 디자인 전략을 자연스럽게 이해했을 것이다. 기업 브랜드 이미지에 긍정적인 영향을 주는 건축 디자인인지는 확실치 않지만 건물이 지어지고 지금까지

SK텔레콤 본사 사옥의 외관.

최소 수백억 원 이상 광고 효과를 거두었다는 점에 대해서는 두 말 할 필요 없지 않을까?

　브랜드와 이미지를 표현하는 건축은 제품 디자인이 그러하듯 명확한 메시지를 전달하는 데 주력하는 것이 합리적으로 보인다. 하지만 상품과 서비스를 충실히 광고하면서도 노골적으로 드러내지 않고 대중 심리와 교감하려는 노력이 필요하다. 소비자들이 각자의 지루한 일상에 파묻히지 않고 특별한 경관을 포착할 수 있도록 활력소가 되어야 하는 것이다. 건축가는 때때로 제품 디자이너나 광고 기획자의 역할을 해야 한다. 그것은 말하자면 코카콜라 병을 사막으로 내던진 비행기 조종사가 되는 것과 비슷하다. 코카콜라 병을 매개로 누군가는 새로운 세계와 만나게 된다. 물론 그런 새로운 경험이 부시맨들을 예전보다 더 행복하게 하는지, 불행하게 하는지는 영화에서나 현실에서나 의문으로 남긴 하지만 말이다.

거리의 추상화
아이파크 사옥

가끔 클로드 드뷔시Claude Debussy, 1862~1918의 「달빛」을 들으면 알 수 없는 기호들이 다정하게 어우러진 어떤 추상화가 떠오른다. 중학교 시절 어느 미술시간, 그날 선생님은 음악 한 곡을 들려주었다. '잘 듣고 떠오르는 장면을 그림으로 그려보기' 수업이었는데, 그때 틀어주신 곡이 바로 드뷔시의 「달빛」이었다. 감미로운 피아노 선율이 교실 전체에 퍼졌다. 어리둥절한 표정으로 무얼 그려야 할지 망설이던 아이들은 잠시 머뭇거리다가 하나 둘 뭔가 그리기 시작했다. 각자 음악 속에서 눈을 감고 상상한 이미지들이었다. 누구의 음악인지, 제목이 무엇인지도 모르고 음악을 듣던 나는 절묘하게도 가을 밤 호수에 비친 커다란 달그림자를 상상했다. 맑은 호수 위를 굴러다니는 보석 같은 물방울, 수면 근처에서 춤을 추는 물고기 떼의 부드러운 율동, 때마침 불어오는 미풍의 훈훈한 정경들……. 그날 내가 그린 것은 실제적인 풍경이 아니었

바실리 칸딘스키, 「구성 8」, 캔버스에 유채, 140×201cm, 1923년, 뉴욕 구겐하임미술관.

다. 크고 작은 원, 구불거리는 선, 여러 도형들이 다양한 색채로 뒤섞여 있는, 설명하기 애매한 그림이었다. 그저 음악이 불러온 내면의 감정을 솔직하게 그림으로 표현하려 한 것이다.

추상화란 눈앞의 대상을 있는 그대로 그리지 않는다. 보이는 것의 재현이 아니라 내면의 보이지 않는 느낌을 각자의 감각으로 표현하는 것이다. 그날 교실에서 드뷔시를 들으며 내가 그렸던 그림과 무척 닮은(나만의 생각이겠지만), 아주 유명한 그림이 있다. 바실리 칸딘스키Wassily Kandinsky, 1866~1944의 「구성 8」이다. 얼핏 보면 어린 아이가 제멋대로 그린 낙서처럼 보이지만 잘 들여다보면 점과 면, 직선과 곡선, 다양한 도형들이 마치 오선지 위의 음표처럼 한데 어울려 신나게 연주를 하는 활력 넘치는 그림이다. 칸딘스키는 어느 날 우연히 거꾸로 걸린 자신의 그림을 보면서 '순수한 추상'의 가능성을 발견했다고 한다. 거꾸로 된 그림 속의 비현실적 형태와 색상이 나름의 예술적 의미와 감동을 줄 수도 있음을 발견한 것이다. 이후 그는 단순한 색과 선, 형태만으로 감정을 표현하는 추상화에 집중했다. 그의 대표작인 「구성 7」 「즉흥 14」 「가을」 「검은 선들」 등은 대상의 구체적 재현에서 벗어나 감성의 영역으로서의 예술을 표현한다. 그는 음악가처럼 말했다. "위로 솟는 선은 빠르고 경쾌한 리듬, 부드럽고 완만한 선은 느리고 조용한 리듬, 색조는 음색, 색상은 가락, 채도는 음의 크기다"라고.

그의 작품은 엄연히 현실세계에 바탕을 둔다. 현실에 존재하는 대상으로부터 음악적 은유를 통해 독창적으로 자신의 세계를 표현하려는 것일 뿐 세상에 존재하지 않는 비현실적 대상을 그리는 것은 아니다. 「구성 8」에서 자유롭고 활발하게 상상의 캔버스를 떠돌던 점·선·면은 비슷한 시기의 「원 속의 원」(1923)에서는 엄격하게 조직화되면서 어떤 테두리를 갖추려는 시도를 한다. 세상이라는 커다란 틀 속에 존재하는 마을과 도시, 건물, 사람들을 은유하는 듯 보이는 이 작품은 간단히 말하자면 칸딘스키가 보는 '인간들이 사는 세상'이 아닐는지. 여러 개의 원은 인간이 만든 사회와 문명, 제도를 상징하는 것처럼 보인다. 결국 인간이란 테두리 안에 갇힌 존재에 불과하다는 것, 눈에 보이지 않는 경계가 개인을 한정짓는 공간이 우리가 사는 세상인 것이다.

「원 속의 원」을 연상시키는 건축물이 있다. 삼성동 코엑스 건너편의 현대산업개발 사옥(아이파크타워, 2004)이다. 고층빌딩이 즐비한 강남 상업거리에서 그리 크지 않은 몸집으로 특별한 존재감을 자아내는 건축물이다. 건축가 대니얼 리베스킨트Daniel Libeskind가 디자인을 맡은 이 건물은 커튼월 외피를 캔버스 삼아 점·선·면의 추상적 요소들을 디자인 모티프로서 배치했다. 폴란드 출신의 이 장난꾸러기 유대인은 자신의 재기발랄함과 자유분방함을 건물 표면의 추상화를 통해 유감없이 보여준다. 그는 건축을 통해 자신이 바라본 강남의 이미지를 전달하고 싶었던 모양이다. 그래서 건물 정면에 하나의 기호를 세우기로 결정했고 칸딘스키풍의 시니컬한 원을 크게 그렸다. 그리고 그 안에 사람과 길

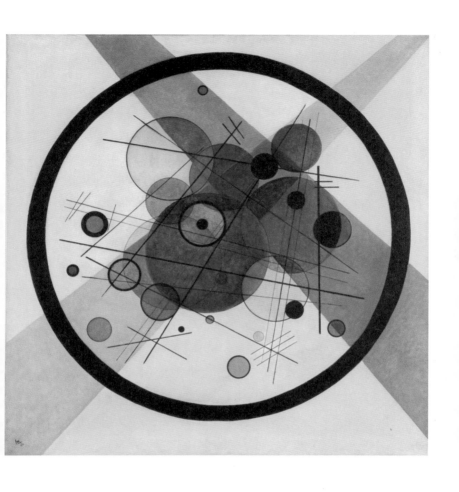

바실리 칸딘스키, 「원 속의 원」, 캔버스에 유채, 98.7×95.6cm, 1923년, 필라델피아미술관,

과 서로의 관계를 배치한다. 도시라는 큰 틀 속에 갇혀 있는 점과 선들, 우리 모두는 건물 입면 안에서 하나의 기호가 된다. 만약 앞을 지나던 누군가가 '건물이 왜 저 모양이야?' 하고 묻는다면 그는 이렇게 답할지 모른다. '건물을 디자인한 건 내가 아니야. 당신들이 살고 있는 도시의 현실이 건물의 표정을 만든 거야. 난 내가 느낀 당신들의 도시를 내 방식대로 표현했을 뿐이야.'

지하 4층, 지상 15층 규모의 건물 정면에는 지름 62미터의 철골 원형 프레임이 둘러져 있다. 원을 관통하며 건물 북쪽 측면을 뚫고 대각선으로 솟아오르는 대형 은색 막대는 전체적인 조형을 파격적으로 유도한다. 원형 프레임 안에는 짙은 빨강의 크고 작은 사각형 박스들이 다양한 선과 어울리면서 색다른 조형미를 뿜어낸다. 리베스킨트는 건물 정면에 붙은 이런 회화적 장식물을 건물 안의 근무자와 건물 밖 행인 서로가 어떤 메시지를 주고받는 일종의 열린 무대라고 설명하기도 했다. 장난처럼 보일수도 있겠지만 잘 살펴보면 건축가가 도시에 던지는 메시지가 만만치 않음을 알게 된다. 결국 도시에 사는 우리는 테두리 안에 갇힌 존재라는 것. 눈에 보이지 않지만 우리는 어떤 제도적 경계가 우리를 한정 짓고 있음을 이미 알고 있다는 것이다. 무표정한 주변 건물과 비교해본다면 확실히 이 도시에 하고 싶은 말이 있는 건물이다. 리베스킨트의 건축은 분류상 해체주의 건축이라 부르기도 하지만, 어쩌면 그는 우리의 도시에서 칸딘스키처럼, 보이지 않는 무언가를 단순한 선과 형태로 표현하는 화가가 되고 싶었는지 모

칸딘스키의 그림을 떠올리게 하는 삼성동 아이파크타워의 외관.

르겠다. 그는 건물 입면에 담아낼 어떤 메시지를 위해, 드뷔시의 「달빛」을 들으며 그림을 그린 중학생의 심정으로 자유롭게 그려보았을 것이다. 단단한 프레임 속에 갇혀 있는 이 도시의 삶과 꿈들……. 건축은 사라지고 입면은 회화가 되고 우리는 회화를 통해 우리가 살고 있는 도시의 삶을 되돌아보게 되었다.

고층 상업 빌딩 일색인 강남의 중심 거리에 파격적인, 한편으로는 재미난 추상화를 던져 경직된 우리 도시 환경에 자극을 주려던 어느 건축가의 디자인은 10년이 흐른 지금도 여전히 신선해 보인다. 삼성동 거리에 걸린 커다란 그림 한 점, 오랜만에 찬찬히 바라보며 어떤 음악과 어떤 예술가와 어떤 도시의 삶을 생각해본다. 건축은 때때로 보이지 않는 무언가를 말하는 그림이 된다.

그 시대의 민낯
세종로

세종로 초입에는 이순신 장군 동상과 세월호 유가족들의 농성 천막이 이웃처럼 어울려 있다. 처음에는 생뚱맞던 그 광경이 이제는 일상적 풍경이 되어버렸다. 이순신 장군과 세월호의 공통점이라곤 고작 '바다' 정도일 텐데, 도시의 시공간은 어울리지 않는 것들을 한데 모아 서로를 연결시켜준다. 이순신 장군 동상이 가족 잃은 이들의 아픈 마음을 어루만지는 수호신처럼 함께하고 있어서 나무 한 그루 없는 황량한 광장에서 그나마 온기가 느껴진다. 세종로는 600년 전 조선 건국 이래 현재까지 국가의 심장부 역할을 해온 상징적 공간이다. 하지만 시민들의 자유로운 소통 중심지가 되어야 할 이 공간은, 일제강점기 이후 현재까지 여전히 시민을 위한 열린 공간으로 거듭나지 못하고 있다.

　광화문에서 남쪽 방향으로 600미터에 이르는, 폭 100미터의 세종로는 조선왕조의 궁궐이었던 경복궁을 보좌하는 행정 중심 공간이었다. 궁궐 남쪽에는 관청가인 육조거리가 형성되어 있었다. 육조거리는 '주작대로'였다. '주작대로'란 고대 중국의 도시 건설 지침서인 『주례』에서 유래한 것으로, 왕이 머무는 궁궐의 전면 공간을 넓게 확보하여 국가의 상징 가로를 형성하는 것을 의미한다. 1395년 정도전은 한양 천도를 계획하면서 『주례』에서 제시한 주작대로를 계획했다. 당시 사료에는 길의 너비가 58척이었다고 기록되어 있는데 이는 170미터가 넘는 너비로, 지금으로 보면 일종의 광장 같은 거대한 보행자 공간이었음을 추정할 수 있다.

주작대로 좌·우측에 의정부를 비롯한 이조·호조·예조·병조·형조·공조의 육조六曹와 주요 관청이 건설되었다. 남측에서 궁궐을 바라본 방향으로 우측에는 의정부·이조·한성부·호조가, 좌측에는 예조·중추부·사헌부·병조·형조·공조 등이 배치되었다. 현재의 정부종합청사 부근에 예조, 세종문화회관 자리에 병조와 형조가 있었고 건너편 대한민국역사박물관과 미국 대사관, KT빌딩 부지가 이어지는 자리에는 각각 이조·한성부·호조가 있었다는 얘기다. 19세기 말 사진 자료를 보면 넓은 길 양쪽으로 높은 관청 담장들이 길을 따라 이어져 있어 매우 권위적인 분위기를 띠는 공간이었음을 알 수 있다. 높고 긴 담장 때문에 거리의 별칭을 육조장랑六曹長廊이라고도 불렀는데 일반 백성들을 위한 공간이라기보다는 왕족과 관리를 위해 존재하는 공간이었으며 봉건사회 정치·권력의 중심이었다.

일제는 조선왕조의 상징 공간인 육조거리를 없애기 위해 1912년 거리 명칭을 '광화문통'으로 바꾸고 거리와 건물을 훼손했다. 명칭 변경과 경관 말살을 통해 조선인의 의식을 바꾸고자 했던 것이다. 육조거리는 일제에게 가장 중요한 침략과 수탈의 공간이었다. 육조장랑은 뜯겨 나갔고 명칭을 사용하는 것도 즉시 금지됐다. 1926년엔 경복궁 근정전을 막아서며 조선총독부 청사가 건설되었는데, 그 자리에 있던 광화문이 동측 건춘문 옆으로 밀려났다. 이어 1936년, 광화문통은 폭 53미터의 평범한 도로로 크게 축소되었다.

해방 이후 1946년 10월 1일 '광화문통'은 '세종로'로 명칭이 바뀐다. 서울시헌장과 미군정법령 제106호에 의해 일제식 동명을 우리 동명으로 바꾸면서 변경된 것이다. 1952년 3월 25일, 최초의 서울시 도시계획에 의해 세종로 너비는 현재와 같은 100미터로 확정되었다. 이후 50년간 세종로는 조선 육조거리의 권위적 분위기를 재현하듯, 군부독재 시대의 새로운 정치적 도시 공간으로 오랜 시간 기존 틀을 유지하면서 21세기를 맞이했다.

세종로는 언제나 일반 시민들에게 친절하지 않았다. 편하게 건너 다니거나 활보하기 힘든 불편한 공간이었다. 수백 년 전에는 왕족과 관리들이 이용하는 거리였고, 일제강점기 시절에는 살벌한 총독부의 앞길이었다. 그리고 이후 최근까지 수십 년간 이 공간은 보행자 수보다 경찰의 수가 더 많은 공권력의 감시 공간이었다.

세종로 광화문 광장의 현재 모습. 과연 이곳이 시민 중심의 공간으로 변화할 수 있을까?

2000년 이후 세종로는 큰 변화를 겪었다. 먼저 2005년 4월 광화문 네거리에 횡단보도가 설치되어 사람들이 지하도가 아닌 지상으로 세종로를 건너다닐 수 있게 되었다. 그리고 2008년 5월, 시대 요구에 발맞춘 시민 중심의 새로운 도시 공간을 위한 너비 34미터, 길이 557미터의 광화문 광장 건설이 시작되었다. 50년 역사를 자랑하던 자동차 도로 중앙녹지대가 없어졌고 은행나무는 보도와 건물 주변으로 이식되었으며 차도는 16차선에서 10차선으로 줄었다. 2009년 8월 1일, 그렇게 광화문 광장이 완공되었다. 하지만 새로 지은 광장이 시민을 위한 열린 광장인지에 대한 의문과 비판이 계속 이어졌다. 도로로 둘러싸인 광장은 접근성이 떨어졌고, 쉴 곳도 편의시설도 없었다. 여전히 자동차가 주연인 상황에서 한가운데 섬처럼 떠 있는 폭 34미터의 좁고 긴 공간은 광장이라기보다는 콘크리트 중앙 분리대에 가깝다는 냉정한 평가가 나왔다. 매연과 뜨거운 열기, 자동차 소음, 그늘 하나 없는 황량한 바닥……. 시민과 관광객들은 고작 동상을 배경으로 사진 몇 장을 찍고 횡단보도를 건너 세상 속으로 돌아와선 곧 잊어버리는 어색한 풍경을 연출했다.

서울시는 2017년까지 세종문화회관 쪽 도로를 보행공간으로 조성해 기존 광장을 확장하는 새로운 방안을 추진하고 있다. 교통 섬처럼 고립되어 시민에게 외면당한 광장이 다시 살아날 수 있을지 기대 반 우려 반의 느낌으로 지켜보게 된다. 역사 이래 한 번도 온전한 시민 중심 공간으로 활용되지 못했던 이 공간이 이번엔 시민을 위한 공적 공간으로 되살아날 수 있을까. 이번에야 말로 정치적 목적의 개발 사업이 아닌 서울의 10년, 20년 먼 미래를 내다보는 진정한 의미의 도시 계획이 이루어지길 희망해본다.

예정되어 있는 주요 관청들의 조속한 이전이 이루어지고 국립도서관, 국립미술관 등의 문화 시설이 추가로 마련된다면 지배·감시·침탈의 이미지가 강했던 거리가 자연스레 시민 중심의 열린 문화공간으로 변화할 수 있으리라고 생각한다. 특히 상시 경찰이 대기 중인 미 대사관 주변이 이 거리와 소통할 수 있다면 광화문 광장도 파리 샹젤리제 거리나 런던 트라팔가 광장처럼 외국인과 시민이 자유롭게 어우러지는 국제적인 도시 공간으로 거듭날 수 있으리라.

여름 한낮 광화문 광장은 사막이다. 태양이 작열하는 광장을 거닐다 보면 사막을 횡단하는 고단한 방랑자의 심정으로 우리 시대의 현실을 상기하게 된다. 도시의 공간들은 당대의 사회상을 반영하며, 구성원들의 욕망을 대변한다. 우리도 이제 자유롭게 걷고 만나고 이야기 나누며 머물 수 있는 모두의 공간을 가질 때가 되었다. 즐거운 만남을 기대하게 하는 사람 중심의 광장을 꿈꿔본다.

사각형에 대하여
서초 삼성타운

19세기 중엽 유럽 전역에 철도가 깔렸을 때 사람들은 달리는 기차 안에서 이전까지 볼 수 없었던 풍경을 경험했다. 프랑스의 문호 빅토르 위고Victor Hugo, 1802~1885는 이때의 새로운 충격을 다음과 같이 표현한다. "마을도 교회도 탑도 나무도 춤을 추며 미친듯이 곧장 지평선으로 녹아들어간다. 하나의 그림자가, 형태가, 유령이 슬며시 떠올랐다가 재빨리 사라진다." 새로운 속도가 만든 새로운 풍경. 달리는 기차의 창 밖으로 보이는 장면은 이전까지 경험하지 못한 속도에 의해 온전한 형상을 유지할 수 없었다. 고작해야 털털대는 마차를 타고 다니던 사람들의 시야에 들어온 장면은 빠른 속도에 뭉개지면서 생략되고 평평해진, 장식이 없는 단순한 풍경이었다. 이후 기차는 점점 빨라지고 도로에는 자동차가 등장했다. 산업 발달로 현실의 재현은 그림이 아닌 사진으로 대체되었고, 예술은 점차 다른 길을 모색하기 시작한다.

새로운 시대적 분위기에 영향을 받은 도시와 건축의 외관도 점점 간결해졌다. 세밀한 장식 하나하나를 음미하는 도보의 풍경이 사라진 세상에서 모든 이미지는 불필요한 군더더기를 생략하고 시대가 요구하는 속도에 호응하는 방향으로 흘러갔다.

카지미르 말레비치Kazimir Malevich, 1878~1935의 「검은 사각형」을 아시는지. 얼핏 보면 이것도 예술인가 싶지만 「검은 사각형」은 현대 예술의 큰 전환점을 이룬 작품이다. 말레비치의 사각형은 예술이 현실을 똑같이 재현하는 데서 벗어나 예술 그 자체의 절대적 형상을 보여주어야 한다는, 급변하는 시대의 메시지를 담고 있다. 말레비치의 '검은 사각형'은 해석 불가다. 굳이 의미를 따지자면 '의미 없음'의 의미랄까. 현실세계에 존재하는 어떤 대상을 최대한 사실적으로 모사하는 과거의 예술과 결별하고 무엇과도 닮지 않은 순수한 창작물 그 자체를 표현하려 했다. 20세기 초반 말레비치의 작품은 예술이 한정적으로 현실을 모방하는 데서 벗어나 작가의 상상, 개인적인 생각과 철학을 적극적으로 표현하는 수단으로 나아가는 계기가 되었다. 「검은 사각형」은 흑색과 백색 두 개의 절대적 색상으로 구분되어 존재하는 것과 존재하지 않는 것을, 현실세계와 상상세계를, 무거운 것과 가벼운 것을 표현함으로써 관람자에게 일종의 관념적 충격을 전달한다. 작가는 과감한 생략과 최소화를 통해 가능한 한 모든 예술적 형식을 제거했다. 20세기는 스토리가 생략된 소설, 선과 색감이 최소화된 회화, 대사와 장면 전환이 절제된 영화, 아무것도 연주하지 않는 음악의

카지미르 말레비치, 「검은 사각형」, 리넨 캔버스에 유채, 79.5×79.5cm, 1915년,
모스크바 트레티야코프미술관.

시대였다. 불필요한 장식 없이 간결한 사각형으로 구성된 현대 건축 역시 그런 시대 흐름 속에서 도시의 풍경을 단순하고 평평한 경관으로 변화시켜나갔다.

서초 삼성타운 빌딩을 바라보면 사각형이라는 형태에 대해 궁금증이 생긴다. 원의 기원과 관련된 글을 예전에 읽은 적이 있다. 고대인들이 자연 속에서 원의 개념을 찾아냈다는 이야기였다. 자연은 온통 구부러지고 휘어진 것들뿐이라 원의 존재를 쉽게 찾아냈을 것이라는 주장이었다. 영국 솔즈베리 평원에 있는 유명한 스톤헨지도 원형이고 원시인들의 초기 움막도 원형이며 에스키모의 이글루도 원형이다. 하지만 유명한 피라미드가 왜 사각뿔인지에 대해서는 별 설명이 없었다. 원형이 익숙했던 비문명 시대에 거대한 사각 형태는 대체 어떤 연유로 생성된 걸까. 일본 학자 마쓰다 유키마사는 저서 『눈의 황홀』에서 현대미술가이자 소설가인 아카세가와 겐페이의 글을 인용하며 사각형의 기원을 다음과 같이 조명한다.

"먼저 직선의 발견이다. 자연계에서 직선은 바다의 수평선(엄밀하게는 곡선이지만)을 제외하면 거의 보이지 않는다. 있다고 한다면 운동의 궤적일 것이다. 예컨대 밤하늘에 한 줄기 직선을 남기고 사라지는 유성, 나뭇가지에 걸린 거미집 등이다."

마쓰다 유키마사는 직선의 발견으로 인간은 질서의 개념을 터득했고, 이를 사회를 통제하는 기준으로 활용하게 되었다고 말한다. 직선의 발견을 통해 사회적 의식이 발아되고 혼돈과 정돈을, 질서와 무질서를 구분하기 시작했다는 것이다. 고도화된 도시에서 자본으로 나뉜 계급은 도시인들의 정신을 지배한다. 도시는 그런 의미에서 보이지 않는 통제 수단들의 경연장이며 건축은 그중 가장 쉽고 간편한 방식으로 힘과 권력, 가치를 표현하는 매체가 되곤 한다. 의도적으로 조형된 엄격한 사각형의 고층 빌딩은 엄격한 테두리와 절대적 가치, 확고한 질서감을 표출하며 그보다 작거나 구불거리는 것(가령 사람)은 허술하며 통제가 필요한 낮은 가치의 존재로 인식하게 한다.

큰 기업의 성패가 국가경제를 좌우하는 시대다. 이런 시대의 기업은 하나의 독립된 세계다. 서초 삼성타운의 형태는 그런 세계의 일면을 느끼게 한다. 세련된 색감의 푸른색 유리 커튼월은 하늘의 색감과 겹쳐지면서 건물의 경계를 모호하게 하여 시각적으로 외연을 더욱 확장시킨다. 그런 이유로 서로 뽐내듯 제각각 과장된 몸짓을 드러내는 주변 고층빌딩과 차별화되면서 엄격하지만 폭력적이지 않은 독창적 외관을 만들어냈다. 200미터에 달하는 건물 덩어리를 몇 개로 잘라 분리하면서 조금씩 어긋나게 쌓는 아이디어 또한 부담스러운 크기를 상쇄시키고 자칫 권위적으로 흐를 수 있는 거대한 외관을 보완해준다.

타운을 이루는 세 개의 빌딩은 기업의 철학을 건축화하여 도시에 던지고자 하는 자본가의 욕망과 의지를 드러낸다. 말레비치의 검은 사각형처럼 모방과 재현이 아닌 그 자체의 절대적 존재감을 과시하는 것이다. 사각형은 인간이 발굴해낸 가장 근원적

사각형의 절대적 존재감을 뽐내는 서초 삼성타운의 위용.

형태다. 그래서 힘이 세다. 사각형은 아기자기한 나뭇잎이나 구불구불한 오솔길에서 비롯되지 않았으며, 땅과 하늘이 만나는, 혹은 흑과 백이 구분되는 절대적 지점을 상상하게 한다. 도시 한복판에 자리 잡은 차갑고 완전무결한 푸른 사각형(Blue Square)은 예전 빅토르 위고가 기술한 충격처럼 생략과 절제의 기차 밖 풍경이 되어 거리를 오가는 사람들에게 더 높은 가치, 더 엄격한 질서, 더 정돈된 이미지를 추구하라고 속삭인다.

우리가 어떤 건축과 공간으로부터 좋은 느낌을 받는다는 건 그 건축과 공간이 지향하는 삶의 태도가 좋다는 것이다. 종종 건축은 삶 속의 고민거리를 간단히 정리해준다. 프랑스 학자 롤랑 바르트는 저서 『기호의 제국』에서 말했다. "우리가 추구하는 스타일은 독창적인 것이 아니라 모두 다른 것으로부터 인용된 것"이라고. 거대한 건축물 속에서 우리는 알게 모르게 어떤 특별한 형태와 상징을 답습한다. 문득 단순한 것이 늘 최고는 아니지만 최고는 늘 단순하다는 오래된 명언이 떠오른다.

어디서 무엇이 되어
아파트

고독한 독방이 층층이 쌓아올려진 아파트를 보며 한 사람의 삶과 고민이 또 다른 이의 삶과 고민 위에 올려져 있음을 본다. 너의 삶과 나의 삶이 누에 실처럼 종횡으로 포개지고, 그러다 거대한 도시 전체의 삶으로 쌓아올려지면서 결국 하나의 삶으로, 거대한 독방들의 산이 된다. 그것은 5층에서 10층으로, 15층에서 25층으로 점점 더 높이 솟아오르는 아파트처럼, 17평에 살다가 25평으로, 다시 34평으로 넘어갔다가 마침내 48평에서 살게 되는 삶이다.

> 저렇게 많은 중에서
> 별 하나가 나를 내려다본다.
> 이렇게 많은 사람 중에서
> 그 별 하나를 쳐다본다.

밤이 깊을수록

별은 밝음 속에 사라지고

나는 어둠 속에 사라진다.

이렇게 정다운

너 하나 나 하나는

어디서 무엇이 되어

다시 만나랴

_김광섭, 「저녁에」,(『성북동 비둘기』 수록, 미래사, 2003)

　　퇴근길, 일터와 집을 잇는 고속도로는 할일을 마친 정맥처럼 걸음을 재촉하며 그네들의 심장으로 달려가는 듯 보였다. 그 광경이 마치 꿈틀거리는 혈류 같아서, 나는 종종 도시라는 거대한 생명체 속에 들어와 있다는 상상에 빠지곤 한다. 도로를 메운 그 불빛들, 점들, 과연 끊임없는 인연이라고 칭할 만한 그 행렬은 다시 침묵으로 무겁게 가라앉은 거대한 아파트촌의 불을 하나둘 밝힌다. 그렇게 도로를 빠져나와 반딧불처럼 반짝거리는 아파트의 밤 풍경 속으로 들어서는 내 마음은 조금씩 차분히 가라앉는다. 그리고 생각한다. 만약 조물주가 있다면, 우리가 살고 있는 저 아파트의 불빛들은 그가 꾹꾹 눌러놓은 생명의 점들이다. 다행스럽게도 아파트의 밤풍경은 낮보다는 한결 정겨워서 밤새 내려앉은 풋풋한 이슬방울처럼 그 하나하나의 자태가 매우 곱다.

수화 김환기1913~1974는 우리의 삶에 대해 말한다. 점 하나 하나를 꾹꾹 눌러 찍으면서, 살아간다는 것에서 절대로 격리되지 말라고, 촘촘히 달라붙어 이웃하며 살아가야 한다고. 김환기의 「어디서 무엇이 되어 다시 만나랴」는 아파트의 모습이다. 별빛이 흐르는 다리를 건너 도착했던 그 옛날의 '아파트'에서부터 현재까 지, 획일화된 아파트 더미 속에 묻혀버렸을지언정 개개인의 소중 한 삶은 여전히 반짝거리고 있음을 이 작품은 일깨운다.

어쩌면 똑같은 점이 하나도 없을까. 얼룩거리는 점들을 가만 히 들여다보면 거기엔 306호와 702호의 삶이 있다. 얼핏 동류의 삶이라 여겼던 각자의 삶이 분명히 다르게 찍혀 있다. 밥을 짓고, 샤워를 하고, TV를 보고, 잠을 자다가 언젠가는 17평에서 48평 으로 가고 싶은, 그래서 빤하다고 여겼던 다른 이와 나의 삶이 분 명히 다른 빛깔과 크기로 반짝인다.

국내 첫 아파트는 1958년 세워진 종암아파트다. 건국 이후 최초로 '아파트먼트'라는 타이틀이 붙은 건물로, 국내 시공사인 중앙산업이 지은 것이다. 최초로 수세식 화장실을 세대별로 하나 씩 배치한 이 아파트의 준공식에서 이승만 대통령은 축사를 통해 '수세식 화장실'이라는 단어를 친히 언급하기도 했다. 볼일을 보 기 위해 집 밖 공동화장실을 사용하던 당시 상황에 비추어보면 이게 얼마나 감격스러운 사건이었을지 짐작이 된다. 도면을 보면 현재의 복도형 아파트처럼 각 세대 현관이 복도에 면해 있다. 현 관을 들어서면 변기 하나가 달랑 있는 작은 화장실이 있는데, 지

김환기, 「10−VIII−70 #185」(어디서 무엇이 되어 다시 만나랴 연작),
코튼에 유채, 296×216cm, 1970년.

아파트 단지의 밤풍경은, 낮보다 훨씬 정겹고 마음 푸근하다.

금처럼 세면대와 욕조까지 있는 풀 패키지 욕실과는 전혀 다르다. 하지만 '변기의 집 안 입성'은 그 자체로 당시에는 충격적 뉴스(집 안에서 볼일을 보다니!)임에 분명했다. 재밌는 점은 방바닥을 거실 바닥보다 높게 올려 전통적인 한식 온돌을 아파트와 접목하려 한 것. 뿌리 깊은 좌식 생활 방식이 아파트라는 불청객을 만나면서 어떤 고민을 거쳐 어떻게 변형되었는지 그 일면을 보여준다.

1962년 마포아파트는 국내 최초의 단지형 아파트다. 넓은 공공용지를 확보해서 공원·녹지 등 외부공간을 조성했고 상가와 레저시설이 포함된 부속건물이 들어갔다. 마포아파트는 유럽의 도시주거 개념인 '녹지 위의 고층주택(Tower in the park)'을 국내에 도입한 최초 사례다. 건물은 가급적 밀도를 높여 고층으로 세우고 그렇게 남겨진 넓은 땅은 보행자 공간으로 조성하는 방식이다. 시원시원한 외부공간과 1960년대 당시로선 좀체 보기 힘들었던 6층짜리 고층(?) 건물은 아파트를 세련되고 도회적인 현대의 아이콘으로 인식되도록 만들었다.

1971년 동부이촌동 한강맨션은 국내 최초로 견본주택(모델하우스)을 도입한 아파트다. 아파트는 한강맨션을 기점으로 쇼핑 가능한 하나의 '상품'으로 간주되기 시작한다. 견본주택을 통해 입주자들은 다양한 타입의 공간을 체험할 수 있었고 미리 둘러보고 각자 생활 수준과 가족 규모에 따라 집을 선택했다. 한강맨션에서는 전통 온돌 방식이 완전히 사라지고 입식 싱크대가 설치되었다. 방 개수와 거실 크기, 남향에 면한 길이와 칸수에 따라

27평, 32평, 37평, 51평, 57평등 다양한 평형대의 주택을 제공했다. 만들어진 제품을 사는 게 아니라 견본을 보고 나중에 만들어질 집의 공사비를 대는 '분양'의 시대가 열린 것이다. 국가가 직접 건설 시장을 이끄는 시대이다 보니 구매자들은 전재산이 필요한 쇼핑임에도 불구하고 모델하우스 주택을 실제와 동일시하는 데 별로 주저하지 않았다.

그 이듬해인 1972년에는 여의도 시범아파트가 완공됐다. 최초로 엘리베이터가 설치된 12층짜리 고층 아파트다. 세대마다 냉온급수, 스팀난방이 들어갔고 파출소, 쇼핑센터, 유치원부터 고등학교까지가 한 단지에 모두 편입되었다. 말하자면 서구식 '근린주구(Neighbourhood Unit)' 개념이 적용되었다고 해야 할까. 초·중·고를 한 단지에서 다닐 수 있는 특수학군제가 시행되면서 사람들은 여의도로 몰려왔다. 1970년대 중동건설 특수와 교육열기가 합쳐지면서 투기 열풍이 불었을 정도였다. 특히 고학력 전문직 종사자가 많던W 단지 분위기 덕분에, 아파트는 대중의 인식 속에서 엘리트적이며 합리적인 이미지를 지닌 공간으로 변화했다.

시범아파트의 성공은 중산층 중심으로 불기 시작한 교육열과 맞물려 이후 학군이 결합된 단지형 아파트 개발의 촉매가 되었다. 아파트가 거주 목적의 주택 개념을 넘어 생활 수준과 사회적 계급을 포함하는 어떤 소속체의 의미로 진화하기 시작한 것이다. 방 세 개와 방 두 개, 23평과 38평 사이에 존재하는 유형학적 차이가 개인의 삶을 설명하는 명쾌한 기준이 되었다.

아파트 숲은, 서울을 이루는 이미지의 큰 조각이 되었다.

잠실아파트는 아예 1만 9,180가구, 인구 10만 명의 소도시 개념으로 지어졌다. 1978년 완공 당시 정부 주도 주거 단지 중 이런 규모는 당시 전 세계적으로도 일본과 유럽의 몇몇 시범지구를 제외하곤 드물었다. 잠실아파트 지구는 지도에 없던 한강 매립지를 조성하여 도시를 세운 토건시대의 대표적 유산으로 행정기관, 병원, 학교, 체육관, 공원, 지역 센터 등이 모두 포함된 뉴타운의 시초다. 분양 당시 그 규모만큼 다양한 주택 타입을 만들어 제공했는데, 소득 수준과 가족 구성에 따라 열 개가 넘는 견본주택 타입이 개발되었고 단지 배치 역시 남향 일변도에서 벗어나 중정을 마주보는 ㅁ자 클러스터 방식 또는 타워형 방식 등을 혼합 채택했다. 설비 또한 연탄보일러, 기름보일러, 중앙난방이 단지에 따라 혼용 설치되었고 건물 형식도 복도형(복도 하나에 열 세대 이상)과 계단실형(계단실 하나에 두 세대씩), 홀형(엘리베이터 홀 하나에 네다섯 세대씩) 등 다양했다. 특히 5단지는 국내 최초의 15층 아파트로 이후 고층아파트 층수의 기준이 되었고, 남향 판상형 일렬 배치와 네 방향의 타워형 배치가 섞인 단지 구성은 1980년대 이후 아파트 단지의 배치 기준이 되었다. 세대별 내부공간은 거실과 침실을 남향 배치하고 부엌과 거실을 한 공간으로 묶어 집 전체의 중심에 놓았는데, 이러한 평면 방식은 지금까지 이어지는 한국형 아파트의 대표 유형으로 80년대부터 현재까지 아파트의 교과서처럼 통용되고 있다.

처음 이 아파트촌을 먼발치에서 보고는 무슨 공장들이 저렇게 한 군데에 빽빽이 몰려있을까 싶었다. (……) 사람이 사는 '아파트'라는 이름의 집인 것을 알고 그만 깜짝 놀랐던 것이다. 1·2층도 아닌 5층이나 6층의 높은 건물에 층층이 사람이 산다는 것이었다. 사람들이 살림을 하고 산다는 것이었다. 머리 위에서 불을 때고 그 머리 위에서 또 불을 때고, 오줌똥을 싸고, 그 아래에서 밥을 먹고, 그러면서 자식을 낳고, 또 자식을 키우고, 사람이 사람 위에 포개지고 그 위에 또 얹혀서 살림을 하고 살아간다는 것이었다.

_조정래, 『비탈진 음지』(해냄, 2011)

1980년대 이후는 딱지를 분양받으면 다음날 부자가 되는 아파트 전성시대였다. 중요한 재산 증식 수단으로 아파트는 건설사 브랜드 이미지와 학군에 따라 가치가 매겨졌다. 아파트 거주권 획득은 곧 중산층 편입이라는 사회적 인식이 넓게 자리 잡았다. 그런 분위기에서 삶의 질을 규정하는 내부공간은 큰 의미가 없었다. 고작 방 개수나 발코니 크기 말고는 공간의 차이를 가름하고 선택할 방법이 없는, 무늬만 다르고 속은 같은 아파트가 끝없이 지어지던 시기였으니. 아파트는 중산층의 욕망을 대변하는 시대의 자화상으로 자리를 굳혀갔다. 짓기만 하면 팔리는 시대였으니 굳이 위험을 안고 실험할 필요가 없었다. 돌이켜 생각해보면 우리는 기꺼이 타인이 만들어놓은 보편적(혹시 돈을 벌 수도 있는) 공간을 선택해왔다. 그리고 자의 반 타의 반으로 평균적 거주환경 속에서 비슷한 꿈과 생각, 비전, 목표를 추구하며 살아왔다. 아파트의 역사란 그래서 우리 욕망의 변천사다. 밝고 넓은 집을 욕망하니 건물은 남으로 창을 내며 옆으로 계속 길어졌고, 도시는 병풍 같은 아파트 벽으로 막히게 되었다. 숨통이 되어줄 협소한 외부 발코니는 한 평의 유효 면적이라도 돈으로 만드는 편이 유리하다는 논리 속에서 모조리 실내가 되었고, 평면 혁신이란 결국 남향 두 칸이 세 칸으로, 다시 네 칸이 되어 다섯 칸으로 늘어난 과정일 뿐이었다. 아파트는 점점 더 폐쇄적인 마천루가 되어갔다. 건물 전체를 완벽하게 외부와 차단하고 오로지 실내만으로 '집'과 '마을'을 이루어갔다. 그런 게 바로 시대가 원하는 트렌드가 아니겠냐고 웅변하면서.

'아파트'라는 단어는 '서로 다르다'라는 뜻을 지닌 프랑스어 '아파르망appartment'에서 유래한다. 아파르망은 '별개로 나누어진 각각의 집'이라는 의미를 갖는다. '서로 다름' 대신 '서로 유사함' 또는 '서로 같음'의 욕망만 가득한 우리의 아파트. 그 비슷함과 같음 속에서 묘한 동질감과 안락을 느끼며 어느새 나와 다른 무엇에 대해서는 극도로 배척하는 시대가 된 건 아닌지, 아파트가 지나온 시간을 통해 한번쯤 생각해본다.

걷는 즐거움
서울역 고가공원

드라마 「응답하라 1988」(이하 응팔)은 골목을 맞대고 이웃한 다섯 가족의 이야기다. 맨발로 골목을 가로질러 서로의 집을 오가는 사람들. 좁은 골목 평상에 모여 수다를 떨고 함께 저녁 찬거리를 다듬으며 이웃의 소소한 고민까지 공유하여 살아가는 삶의 풍경은 정겹다. 한참 먼 옛날이야기처럼 보이지만 사실 얼마 전까지 우리의 사는 모습이 이러했다. 기꺼이 서로의 삶에 일부가 되어주는 이웃이 있었고, 그런 이웃을 가족으로 받아들이는 공동체가 자연스럽게 우리 주변에 존재했다. 골목은 나와 타인 모두 함께 사용하는 공동의 거실이었고, 함께하는 시간과 공간 속에 마음이 전해지고 대화가 오가고 세월이 지나가고 그렇게 함께 사는 기억들이 남았다. 드라마 속의 골목길은 우리가 잃어버린 공공公共의 의미를 다시 생각하게 한다.

쌍문동 주택가 골목이 아니더라도, 아파트 복도를 골목 삼아 맨발로 뛰어다니며 이웃집을 내 집처럼 드나들던 모습은 그리 오래된 풍경이 아니다. 아파트 1층 현관 앞 작은 평상이 같은 동 사는 아주머니들의 대화방이 되고 한적한 아파트 주차장이 아이 들의 운동장이던 그 시절. 해가 지고 어둑해지면 편복도 여기저 기서 저녁 먹으라고 아이 이름을 부르는 엄마들의 목소리가 정 겹게 울렸다. 하지만 언제부턴가 복도를 오가며 이웃집을 드나들 던 사람들이 사라졌다. 어린이가 없는 어린이 놀이터와 자동차만 넘치는 주차장, 몇 년을 살아도 이웃 사람 얼굴을 모르는 세태가 자연스러워지는 현실. 이제 우리는 현관 앞 엘리베이터를 타고 지 하 주차장으로 곧장 내려가 차를 타고 볼 일을 보러 나간다. 닫힌 현관문과 복도 사이에는 커다란 벽이 서 있다. 집 안과 바깥의 심 리적 거리는 점점 멀어지고 있다. 내 공간과 남의 공간을 최대한 분리해야 안전하다고 믿으며, 온전히 내 것이라 믿는 공간에 숨어 위험해 보이는 바깥을 조심스레 바라본다.

돈으로 뭐든 소유해야 안심이 되는 시대의 공공 공간이란, 드라마 응팔의 골목처럼 나와 타인이 함께하는 공간이 아니라 나 와 타인이 어떻게 다르고 구별되어야 하는지 깨닫게 해주는 공간 이다. 차도로 둘러싸인 광화문 광장이 그렇고 서울시청 앞 둥근 잔디밭이 그렇다. 논란과 화제 속에서 완성된 옛 동대문운동장 터의 디자인플라자(DDP)도 마찬가지. 그런 공간에서 우리는 함께 하는 편안함이나 자연스러운 공유와 소통보다 쓸쓸한 고독과 소 외를 먼저 경험한다.

그럼에도 공공의 의미를 되살려보려는 시도는 계속되고 있다. 최근에도 서울시는 서울역 고가도로 공원화 계획을 추진 중이다. 이 길은 1970년 8월 15일 개통되어 퇴계로, 만리재로, 청파로를 이어주던 총 길이 1,150미터의 고가도로다. 45년간 도심을 가로지르던 자동차도로를 시민들을 위한 공간으로 탈바꿈시키려는 중이다. 서울역과 대우빌딩, 남대문 방면 사이로 바다처럼 넓게 펼쳐진 자동차도로에 수십 년간 가로막힌 보행자의 흐름을 공중으로 이어 활력 있는 도시 공간으로 재생하겠다는 계획이다. 차가 다니던 고가도로에 사람들이 걸어다니면 지금보다 나은 도시가 될 수 있을까. 문득 영화 한편이 생각난다. 도시와 길, 사람과 걷기에 대한 영화 「비포 선셋」(2004)이다.

보신 분들은 알겠지만 영화 속에서는 파리의 구석구석을 누비면서 두 남녀(이선 호크와 쥘리 델피)가 계속 걸으며 대화를 나눈다. 특히 영화의 공간적 배경으로 등장하는 파리의 공중보행로 '프롬나드 플랑테Promenade Plantée'의 풍경은 인상적이다. 9년 만에 다시 만난 남녀는 지나간 사랑을 추억하며 걷고, 대화하고, 쉬고, 카페에서 차를 마시고, 유람선을 탄다. 그렇게 스쳐 지나는 장소들이 남녀의 또다른 추억이 된다. 영화를 보는 관객들은 두 사람의 대화와 함께 배경이 된 도시의 소소한 공간 속으로 빠져든다.

파리 12지구에 있는 공중산책로 프롬나드 플랑테는 폐선 고가철도로 오랜 시간 방치되어 버려졌다가 도시 명소로 재탄생된 곳이다. 철길이었던 고가도로 위에는 꽃과 나무가 울창한 숲,

ⓣⓞ La Citta Vita

파리의 프롬나드 플랑테.

벤치와 걷기 좋은 산책로가 조성되었다. 복잡한 도심을 관통하고 있지만 길 위의 풍경은 사뭇 여유롭다. 한가롭게 산책하는 노인들, 벤치에서 휴식을 취하는 사람들, 데이트하는 연인들, 복잡한 아랫길을 피해 바쁜 발걸음을 옮기는 시민들의 평화로운 일상이 영화 속에서 고스란히 펼쳐진다.

프롬나드 플랑테는 본래 1859년부터 1969년까지 바스티유와 뱅센 지역을 운행하던 4.7킬로미터 길이의 철로였으나 철도가 폐쇄되자 주변 지역이 급속히 슬럼화되었다. 1980년대 초반 파리 시는 폐선을 공공 공간으로 바꾸는 사업을 기획했고 공원과 산책로를 만들었다. 아울러 슬럼화되기 쉬운 고가 하부에 공예·예술·가구·음악을 위한 공방과 갤러리, 카페, 아트숍 등을 입주시켜 '산책'이라는 일상적 행위와 소규모 문화·예술 공간이 만나 도시적 활력을 발휘할 수 있도록 계획했다.

서울역 고가도로 공원화 계획은 아마도 이러한 성공 사례를 참조했을 듯싶다. 영화에서처럼 서점과 카페, 좁은 골목을 산책하던 이들이 공중 정원에 올라 현대 도시의 빌딩 숲 사이를 거닐며 한가롭게 데이트하는 풍경이 파리가 아닌 서울에서도 가능해질 것이다. 오랜 세월 자동차가 주인이었던 시설을 사람을 위한 정원으로 되돌려준다는 발상만으로도 장소의 공공적 의미는 이미 충분하다. 남은 것은 시민들에게 그 공간이 어떻게 다가오느냐다.

서울역 앞 복잡하게 얽혀 있는 자동차도로 위 공중에 펼쳐이 공간도 파리의 프롬나 드 플랑테처럼 새로운 모 습으로 재탄생해 시민들의 사랑을 받게 될까.

질 생경한 풍경을 한번 상상해본다. 지하로 다녀야 했던 사람들이 공중보행로 위를 한가롭게 걷는다. 도시란 사람과 건물, 사람과 거리, 사람과 길 사이의 다양한 관계가 얽혀 갖가지 추억을 만들어내는 살아 있는 유기체다. 우리의 도시는 그동안 왜 만들어야 하는지 판단하기 힘든 이런저런 장소들을 공익이라는 이름으로 만들어왔다. 하지만 공익을 앞세우며 사익을 추구하거나 공공적 가치를 소홀히 한 계획은 십중팔구 사회 구성원들의 외면을 받았다. 어떤 공간이 좋은 공간인지, 그 판단은 결국 장소가 완성돼 대중에 공개된 이후에 판가름날 것이다. 무엇보다 그럴듯한 시설을 갖춰놓으면 저절로 좋은 공간이 될 거라는 환상을 버려야 한다. 걷고 싶은, 함께하고 싶은 공간은 거창한 계획이 아니더라도 구성원들의 마음으로 전달되어 그간 쌓였던 심리적 벽을 결국엔 치우게 할 테니까. 드라마 속 소박한 골목길이나 영화 속 여유로운 산책로처럼 말이다.

소소한 일상의 장면들을, 각자의 기억들을 오랜 시간 머물게 하고 함께한 사람들을 추억하게 하는 사진첩 같은 길과 광장이 우리 도시에도 많아지면 좋겠다. 그런 장소가 늘어날수록 우리의 삶도 팍팍한 현실을 벗어나 예전의 정겨움을 다시 찾아갈 것이다. 걷는 즐거움이 있는 도시가 좋은 도시다.

구보 씨의 일일
문화역서울 284

소설가 박태원1910~1986의 작품 「구보 씨의 일일」에는 우울한 시대의 한복판에서 경성역 대합실을 찾은 지식인 구보 씨의 사연이 나온다. 그는 대합실에서 촌스러운 시골 신사와 병 걸린 노동자, 쇠약한 노파 등 다양한 인간 군상과 만난다. 소설가는 온전치 않은 시대를 사는 온전치 않은 시민들의 면면을 통해 혼란스러운 시대를 표상하는 공간으로 경성역을 묘사하고 있다.

서울역의 첫 이름은 '남대문정거장'이다. 1900년 7월, 노량진과 서울 강북 지역을 잇는 한강철교가 준공되면서 노량진에서 끝나던 경인선 철도가 서울 복판으로 들어왔고 이때 염천교 아래 논 가운데에 역이 만들어졌다. 남대문정거장은 시골 간이역 같은 2층짜리 허름한 목조 건물이었다. 당시 『독립신문』은 경성에 들어온 첫 기차에 대한 감상을 이렇게 기록했다.

화륜거의 소리는 우레와 같아 천지가 진동하고 기관차의 굴뚝 연기는 하늘 높이 솟아오르더라. 차창에 앉아서 밖을 내다보니 산천초목이 모두 움직이는 것 같고 나는 새도 미처 따르지 못한다.

1925년 9월에는 임시 정거장이 철거되고 새 역이 준공되면서 정식 명칭이 '경성역'으로 개정되었다. 일제는 경성역을 통해 대륙 진출의 교두보를 확보했다. 한반도를 전쟁 기지로 활용하면서 물자와 인력을 빠르게 전선으로 옮기고, 한편으론 본국으로 약탈 화물을 수송하는 거점으로 경성역을 활용하고자 했던 것이다. 경성역 1층 홀에 들어서면 좌측으로 일등·이등 대합실과 귀빈대합실이 있었고, 우측으로는 삼등 대합실이 있었다. 당시 좌측으로는 고위직과 상류층이 드나들었고 식민지 시민들은 우측 삼등 대합실로 오갔다. 일본 총독이 사용했다는 귀빈대합실은 그때 이미 현대식 난방 라디에이터가 설치되어 있었다. 사회의 빈민층부터 권력층까지 경성역을 드나들었다.

경성역은 1922년 6월부터 3년에 걸쳐 지어졌다. 건축가는 도쿄역과 경성 한국은행 본점을 설계한 건축가 다쓰노 긴코辰野金吾의 수제자 쓰카모토 야스시塚本靖다. 원형 돔 지붕과 화려한 절충형 비잔틴 양식을 부분적으로 적용했고, 구조는 철근 콘크리트와 조적조, 목구조를 혼합 채택했다. 대지 면적이 3만 제곱미터가 넘었고 건물은 지하 1층, 지상 2층 면적 합계 6,800제곱미터 규모로 당시로서는 대단한 크기였다. 건물 외벽에는 붉은 타일이 붙었다. 또한 외벽 곳곳에 백색 화강석 수평 띠와 모서리 귓돌quoin을 설치하여 장식적이고 화려한 외관을 갖췄다. 제국주의의 힘을 과시하는 수단으로 건축물을 활용하고자 한 것이다. 내부 공간의 특징은 중앙에 큰 홀과 돔 구조의 높은 천장을 두고 전면으로 큰 출입구를 외부로 돌출시키면서 입구를 낸 점이다. 홀을 중심으로 좌우에 부속 건물을 붙여서 중앙으로 진입 후 좌우로 계급에 따라 동선이 즉각 분산되도록 했다. 사용자에게 실제 규모에 비해 더 위엄 있게 공간을 느끼게 하면서도, 홀 공간을 이용해 신속하게 동선을 분리한 점이 1925년 이후 최근까지 수도의 중앙역으로서 제 역할을 하게 만들었다.

경성역은 전략적 목적으로 건설되었지만 시대의 모던보이, 신흥부자들에게는 상류사회의 낭만을 즐기는 매력적 공간이기도 했다. 그들은 스팀 난방이 가동되는 서양식 레스토랑에서 맥주를 마시고, 프랑스식 달팽이 요리와 커피를 즐겼다. 식민지 시대였지만 기차 여행이 유행하면서 봄가을엔 월미도와 온양 온천, 부산으로 향하는 나들이 인파로 북새통을 이루기도 했다. 1930년대가 되면 경성역은 태평양 전쟁 발발로 피난민과 징용자를 실어 나르는 침탈의 공간으로 변모한다. 경성역이 서울역으로 이름을 개정한 것은 해방 이후 1946년의 일이다.

대한민국 정부 수립 이후 서울역은 현대사의 중요한 지점들을 관통하며 역사적 장소로 자리매김했다. 민족 침탈의 상징으로 출발했지만 한국전쟁과 1960~70년대 압축 성장기를 거치면서

© (주)미디어앤아트

시민들의 문화공간으로 변신한 서울역 구 역사의 모습.

대한민국 수도 서울의 관문으로 상징적 역할을 담당했다. 하지만 1970년대 이후 강남 개발이 가속화되고 전국 주요 거점들이 고속도로로 연결되면서 철도 교통은 점점 위축되어갔고 서울역의 존재감도 자연스레 작아졌다.

2000년대 이후에는 고속철도 시대가 열렸다. 기존 서울역이 수행할 수 없는 고속철도 역사의 기능은 새롭게 지어진 민자 역사가 담당하게 되었다. 서울역이 기차역으로서의 기능을 상실하게 된 것이다. 역사적 가치를 인정받아 사적 284호로 지정되긴 했으나 마땅한 용처가 없어 공간 자체가 방치된 채로 수년이 흘렀다. 그러다 2009년, 문화체육관광부 주도로 건물 원형을 보존하면서 내부 프로그램을 바꾸는 리모델링 계획이 착수되었다. 2011년 8월, 서울역은 '문화역서울 284'라는 특별한 이름의 공간으로 탈바꿈했다. 예술품 전시와 각종 문화 행사를 목적으로 한 이 공간은 오랜 역사의 시간적·공간적 흔적을 고스란히 보존해 방문자로 하여금 자연스럽게 과거로의 시간 여행을 떠날 수 있도록 유도한다. 준공 당시의 건축물 원형을 재현하기 위해 벽돌, 철근 콘크리트, 석조, 목조 등 다양한 구조를 복합적으로 사용한 당시 구법을 따라 복원 작업을 했다. 한국전쟁을 거치며 손실된 돔 하부의 스테인드글라스와 긴 세월 동안 낡고 해진 부분들도 꼼꼼히 손을 봤다. 복원의 목적은 물리적으로는 90년 전의 준공 시점 형상을 재현하는 것이고, 방문자에게는 이 장소를 지나쳐간 크고 작은 역사의 기억을 떠올리도록 하는 것이었다. 서울역은 작품을 진열하는 일반적 의미의 전시장이 아니라 그 자체로서 역사적 가치를 지닌 문화재이기 때문이다. 그래서 과거와 현재가 공존하는 '문화역서울 284'는 자체로 이미 하나의 예술 작품이다. 시간과 사건이 깃든 도시의 오래된 장소가 현재의 시민들에게 어떤 의미가 되는지 곰곰이 생각하게 한다.

돌이켜보면 역사적 순간마다 시민들은 서울역으로 모여들었다. 1945년 8월 해방을 맞았을 때, 1960년 4월 이승만 대통령이 하야 성명을 발표했을 때, 1980년 5월과 1987년 6월 많은 시민과 학생들이 독재권력과 싸웠을 때, 서울역은 역사의 현장이자 묵직한 배경이 되어주었다. 현재 서울역은 지하철 1호선과 4호선의 교차점으로 하루 평균 18만 명이 이용하는 중이고 전국 각지로 가는 KTX를 타기 위해 5만 명의 승객이 매일 그곳을 찾는다. 인천공항으로 가는 전용철도가 운행 중이고 조만간 수도권광역급행철도(GTX)까지 연결된다. 철도 교통의 시발점이자 종착점으로서 서울역은 앞으로 더 중요한 역할을 할 전망이다.

또한 서울역은 그 옛날 박태원의 소설 「구보 씨의 일일」에 등장했던 소외된 이들을 위한 피난처, 방황하는 개인들이 잠시 쉬어가는 도피처이기도 하다. 구보 씨가 그 시대에 만났던 사람들은 지금도 여전히 서울역 주변을 배회하는 중이다. 개개인에게는 만남과 이별의 추억을 품어주는 공간으로, 시대적으로는 폭력을 몰아내고 자유와 평화를 이끌어낸 공간으로 자리매김 했던 서울역. 식민지와 전쟁, 급박한 성장기를 거치는 동안 역사驛舍

곳곳에 새겨졌던 슬픔과 상처, 희망이 지금 이곳의 우리와 함께 호흡하고 있다.

육지가 된 섬
잠실

죽기로 결심한 김씨가 한강에 뛰어드는데 눈을 떠보니 밤섬이다. 영화 「김씨 표류기」에서 섬과 육지의 물리적 거리는 중요하지 않았다. 중국집 철가방이 오리배를 타고 자장면 배달을 할 정도로 가까운 거리지만, 섬은 망망대해의 무인도처럼 인접한 현실세계와 완벽히 격리되어 피곤한 김씨에게 자발적 표류를 권한다. 섬에 갇힌 김씨가 맨발로 흙을 딛고 살게 되면서 발견하는 삶의 풍경은 별로 낯설거나 비현실적이지 않았다. 현실이 그렇지 않나? 오히려 육지의 삶은 땅의 감각 따위 잊고 산 지 오래고 스스로 어찌 살고 있는지 반추해볼 여유조차 갖지 못하는 게 사실이니까. 그러고 보니 멀쩡한 섬이 뜬금없이 육지가 되고, 육지가 섬이 되기도 했던 게 우리네 삶이었다. 도시를 가끔 섬에 표류한 김씨의 심정으로 바라보게 되는 이유 역시 아마도 그 탓이 아닐지.

오래전 한강에는 섬도 있고 물도 있고 육지도 있었다. 지금은 곧은 강과 갈라진 두 개의 육지로 선명하게 구획된 도시는 그 시절에는 섬, 물, 육지가 뒤섞인 촌의 풍경을 지녔다. 대도시로 변하면서 자연은 퇴출당했다. 개발 논리에 따라 본래 있던 자연은 조작되고 변형되었으며 더러는 흔적도 없이 사라졌다. 상류에서 들어오는 물을 빠르게 바다로 내보내야 했으므로 강은 더 깊어져야 했고 폭은 넓어져야 했다. 강은 자연환경이 아닌 도시의 기능을 담당하는 수로로서 중요했던 것이다. 물 흐름에 방해되는 크고 작은 섬들이 사라졌다. 물 반 땅 반의 구불거리는 사행천의 풍경도 더는 볼 수 없게 되었다. 강변의 풍경은 얼마 안 가 이전 모습을 알아볼 수 없게 변했다. 그즈음 잠실아파트 단지도 생겼다. 개발 전 원래의 잠실은 섬이었다. 그보다 훨씬 전엔 강북 언저리에 붙어 있던 육지였다. 그런데 마치 움직이는 배처럼 북에서 남으로 슬금슬금 내려와 강 이남의 육지가 되어버렸다.

잠실蠶室이라는 이름은 누에를 치는 지역이라는 의미다. 조선 초기 국영으로 백성들에게 양잠을 지도하고 관리하던 양잠소가 운영되던 장소의 지칭이다. 조선 왕실은 누에를 천충天蟲이라 귀히 여겨 직접 양잠업을 관장했다. 잠실은 총 세 곳에 두었는데 연희동에 서잠실, 반포 잠원동 지역에 신잠실, 동측 변두리 지역에 동잠실을 두었고 궁궐 안에도 내잠실을 두어 특별 관리했다. 그 시절의 잠실은 강 북측 자양동 강변에 붙어 있었던 것으로 확인된다. 18세기 중엽 지도를 보면 동잠실이라는 지명이 강북에 붙어 있고 강 건너편에 송파진이라는 익숙한 지명이 보인다. 동잠실 주위를 작은 천이 둘러싸고 있던 것으로 미루어 이후 천이 넓어져 섬이 된 것으로 추정된다. 1925년 을축년 대홍수 당시의 기록에 의하면 큰 수해로 넓게 퍼져 있던 뽕밭이 모두 사라지고 강지형이 크게 변하여 애초 북측에 접해 있던 잠실 일대가 육지와 분리되면서 강의 남측 육지와 가까워졌고 완전한 섬이 되었다고 한다. 이후 섬 주변으로 물길이 자연스러운 형태로 형성되면서 우기·건기 때마다 모래톱이 드러나거나 강이 범람하는 일이 반복되었다.

1960년대 서울 지도를 보면 지금의 신천동과 잠실동은 두 개의 섬으로 표기되어 있다. '잠실도'와 '부리도'다. 부리^{浮里}는 잠실 지역의 서측으로 말 그대로 '떠 있는 마을'이라는 의미다. 잠실도 옆에 작은 부스러기처럼 있다가 비가 오면 사라지는 섬이었다. 잠실도와 부리도는 한강 줄기를 두 개로 갈라지게 만들었는데, 북쪽은 신천강(새내), 남쪽은 송파강이라 불렸다.

1970년 4월 잠실 일대에 대규모 공유수면 매립공사가 시작되었다. 북쪽 강을 넓히고 남쪽 강을 폐쇄하는 공사였다. 그 과정에서 잠실도와 부리도가 남측 삼전동 육지와 붙었고 100만 평이 넘는 매립지가 생겨났다. 섬이 다시 육지가 되어 340만 평 규모의 아파트 신도시 지역으로 탄생한 것이다. 강을 막아 매립지 위에 세운 도시는 1978년 5단지까지 마무리되었다. 그 와중에 남측의 송파강이 폐쇄되면서 거대한 물웅덩이가 생겼는데 이것이 석촌호수다. 석촌호수의 존재는 잠실의 과거가 강이었음을 증명한다.

(위) 1960년대 잠실의 항공사진
(아래) 초고층 빌딩이 들어선 후의 잠실 모습.

흐름 약한 북쪽 신천강 흙을 파내 남쪽 송파강을 막음으로써 섬을 육지로 만든 것이다. 하지만 신천강에서 퍼내는 토사만으로 남측을 메우기가 부족하다 보니 서울에서 가장 흔한 쓰레기였던 연탄재가 동원되어 매립에 사용되었고, 그렇게 조성된 매립지 위에 키 낮은 아파트 수백 채를 지었다. 40년이 흘러 오래전 키 낮은 아파트는 다시 모조리 헐려나갔고 수십 층짜리 키다리 아파트가 같은 자리를 메우고 있다. 그리고 그 중심부에는 수백 미터에 달하는 거대한 타워가 올라갔다.

잠실은 1만 9,180가구, 인구 10만의 신도시 규모로 지어졌다. 분양 당시 소득 수준과 가족 구성에 따라 열 개가 넘는 평면 타입을 제시했는데 당시로서는 처음으로 다양한 내부공간을 시도해 선보였다. 거실과 침실을 남향 배치하고 부엌과 거실을 한 공간으로 묶어 집 전체의 중심에 두었는데 이는 지금까지 아파트 평면의 교과서처럼 통용되고 있다. 잠실은 지도를 바꿔 물길 위에 집을 지은 토건 시대의 대표적 유산이면서 관공서·병원·학교·체육관·공원 등이 모두 집결된 우리나라 단지형 뉴타운의 시초이기도 하다.

1970년대 중반 잠실 첫 입주자였던 젊은 세대 상당수는 이후 대치동과 개포동의 아파트 단지로 옮겨가 강남 8학군 열풍을 이끈다. 벌판에 홀로 외떨어진 섬 같은 아파트 단지의 삶을 체험한 이들이 중산층의 이름으로 연이은 뉴타운 개발을 견인하면서 '아파트 공화국' 신드롬의 적극적인 지지자가 되었던 것이다.

1976년 어느 봄날, 좁은 골목과 작은 주택들이 다닥다닥 붙어 있던 동네의 다섯 살 아이가 잠실이라는 낯선 아파트촌으로 이사를 왔다. 아이는 지금도 선명하게 기억하고 있다. 바다 같던 큰 강을 건너 휑한 벌판 너머 똑같이 생긴 건물들이 가득 있던 풍경 속으로 들어가던 그날의 장면을. 그 장면이 마치 사막에 펼쳐진 흐릿하고 기묘한 신기루의 풍경처럼 각인되었다. 마당 장독대에 있던 항아리들이 작은 발코니로 옮겨지는 걸 보며 아이는 새로운 삶이 시작된다는 걸 직감했다. 새 집은 방과 거실이 겹쳐져 있고 앞뒤로 창이 뚫려 겨울엔 따뜻하고 여름엔 시원했다. 깊이를 알 수 없는 정체불명의 거대한 웅덩이가 단지 철조망 바로 바깥에 있었는데 물귀신이 산다는 소문이 돌았다. 그 탓인지 한 치 앞도 안 보이는 자욱한 안개가 자주 피어올라 동네 전체를 집어 삼키는 적이 있었는데 그런 날엔 발코니에서 까치발을 들고 안개 속 희미한 건물들을 보며 동네 전체가 웅덩이에 빠져버린 건 아닌지, 무서운 상상을 하곤 했었다.

거대한 타워가 올라가버린 지금, 마흔다섯의 남자는 그때와 비슷한 기시감을 느낀다. 모래톱 위에 수백 채의 아파트가 들어섰을 때 짙은 안개를 뿜어내던 '섬'의 흔적도 이젠 잘 보이지 않는다. 호수 수위가 이유 없이 줄고 도로에 설명되지 않는 구멍이 여기저기 생긴다고 할 때마다 오래전 무겁게 짓누르던 안개의 추억이 눈앞에 아른대는 이유가 무엇일까. 섬이 육지가 되어 그 위에 큰 욕망을 쌓아올린 신기루 같은 이야기를 찬찬히 짚어보며, 누르고 강제하는 자본의 살풍경 속에서 새삼 자연의 인내심을 발견한다. 모쪼록 계속 인내하고 잘 헤아려주길.

높이를 욕망하다,
마천루

초고층 빌딩을 마천루摩天樓라 부른다. 한자 의미는 '하늘을 닦는 누각'이라는 뜻이다. 하늘에 닿을 만큼 높은 건축물이라……. 인간에게 과연 이렇게 높은 건축물이 필요할까 하는 의문이 든다. 인간은 신의 영역이라 불리는 하늘보다 땅에 더 어울리는 존재이므로. 그러나 인간은 늘 땅에서 벗어나 하늘에 닿는 방향으로 다양한 문명을 발전시켜왔다. 고대 바빌로니아의 유명한 탑의 전설로부터, 중세를 점령했던 좁고 높고 깊은 고딕 성당까지. 이집트 피라미드가 위로 올라갈수록 뾰족하게 수렴하는 사면체의 형태를 갖추며 하늘로 향한 이유도, 로마 판테온의 지붕이 하늘로 뚫려 공간의 높이를 한정하지 않았던 이유도, 높이에 대한 인간의 열망 때문이었다.

영화 「인셉션」(2010)에서 주인공 코브의 꿈 속 유토피아는 사람이 모두 떠난 어느 도시. 초고층 빌딩 가득한 폐허의 이미지를 보여준다. 코브가 만난 폐허의 도시는 눈 앞에 모래밭이 펼쳐진 해안가다. 흉물스러운 초고층 빌딩들이 바다와 만나는 절벽처럼 벽을 이루어 파도를 맞고 있다. 버려진 초고층 도시(어쩐지 수백 년 후의 뉴욕 맨해튼처럼 보이는)는 사막처럼 황량함만 가득하다.

한편 영화 「딥 임팩트」(1998)에서는 언뜻 황홀하기까지 한 파괴적 스펙터클을 보여준다. 외계에서 날아온 유성이 뉴욕 맨해튼의 고층 빌딩들을 삼켜버리는 장면은 영화사 전체를 통틀어서도 전무후무한 명장면이 아닐는지. 엄청난 높이의 초고층 빌딩들이 거대한 해일에 픽픽 쓰러지면서 마치 먼지처럼 사람들이 허무하게 사라지는 장면은 충격적이었다. 재난 영화에 단골로 등장하는 뉴욕 맨해튼은 자본주의 가치가 집약된 고층 빌딩의 도시다. 세계의 많은 도시들이 눈부신 뉴욕의 빌딩을 흠모하며 그와 닮은 도시를 만들기 위해 20세기 내내 노력했다. 그런데 15년 전 우리는 영화보다 더 실감나는 생중계 영상으로 맨해튼의 대표적 상징물이 공격당하는 상황을 목격했다. 수십 년간 최고의 마천루로 명성을 날렸던 월드트레이드센터가 무너지던 그날은 영화 속 컴퓨터 그래픽이 보여줬던 충격과는 차원이 다른 것이었다. 영원할 것 같던 20세기 자본주의의 업적이 엄청난 먼지를 내뿜으며 허무하게 주저앉던 순간, 우리는 뭔가 분명히 느끼게 되었다. 믿어 의심치 않았던 어떤 절대적 가치가 의외로 허약하다는 것을.

영화 속에서 초고층 빌딩으로 가득한 도시는 종종 부정적인 이미지로 그려진다. 초고층 빌딩에 투영된 인간의 끝없는 탐욕과 비인간적 세태를 드러내기 때문일 것이다. 초고층 빌딩의 건축은 어느 시대에나 중요한 사건으로 기록되었다. 그것은 늘 성공의 증거임과 동시에 실패의 전조이기도 했다.

인간이 쌓을 수 있는 건축물의 높이는 과연 얼마일까. 인간의 힘으로 중력을 이겨내며 하늘로 올릴 수 있는 높이란 결국 기술력의 끝을 가늠하는 한계점과 같은 의미일 것이다. 20세기 초만 해도 인간의 한계 높이는 200~300여 미터 정도였다. 그런데 현재 인간이 도달하려는 건축물의 높이는 1킬로미터에 이른다. 신의 노여움을 사서 무너졌다는 바벨탑의 실제 높이가 고작 80미터 정도였다고 하는데, 이쯤 되면 신의 입장에서도 더 이상 어찌 할 수 없는 그런 지경이 아닐까.

영화 「미션 임파서블—고스트 프로토콜」에서 첩보요원 이단 헌트는 고무장갑 같은 것을 손에 끼고 강풍이 몰아치는 건물 벽면을 기어오른다. 유리창에 껌처럼 붙은 이단 헌트는 거미처럼 팔을 휘저으며 조금씩 위로 오른다. 저 멀리 사막 끝에서 거대한 모래폭풍이 밀려오고 있다. 누가 보기에도 너무나 '미션 임파서블'한 이 상황. 지구에서 가장 크고 높은 유리벽에 매달린 인간의 모습이 왜 이리 고독하고 초라해 보이던지. 이단 헌트가 매달린 빌딩은 세계에서 가장 높은 건축물 부르즈 할리파(Burj Khalifa, 828미터)다. 북한산(836.5미터)과 맞먹는 높이를 달성하느라 큰 자중을 감당해야 했다. 빌딩에 들어간 유리의 총 넓이는 14만 제곱미터. 축구장

17배 면적이다. 엄청난 유리들이 강력하게 결합된 철골구조에 견고하게 매달려 있다. 원래 이름은 '부르즈 두바이'였는데 공사 중간 경제 위기가 오면서 채무 압박에 시달려, 추가 자금을 지원한 아부다비 통치자의 이름으로 건물명이 바뀐 사연이 있다. 건물 형태는 이슬람 사원 주변의 첨탑인 '미나레트'의 형상을 본따 위로 오를수록 좁아지는데, 이는 상층부 풍압과 자중 감소를 위한 어쩔 수 없는 선택이었다. 828미터의 높이를 가능케 한 핵심 기술은 '버트레스드 코어'라는 버팀벽 공법이다. 층마다 중앙에 계단실, 엘리베이터가 집중된 육각형의 코어 공간을 배치하고 Y자 형태의 부벽을 외벽 쪽으로 설치하여 풍압과 외력에 저항하는 시스템을 적용해 건물의 안정성을 확보했다. 하지만 이 높이도 곧 최고의 자리를 넘겨줄 전망이다.

사우디아라비아 제다에서는 1킬로미터에 달하는 '킹덤 타워'가 지어지고 있다. 2018년 완공 예정으로 건물 층수 200층, 엘리베이터 개수만 59개, 연면적은 약 53만 제곱미터에 달한다. 엄청난 높이를 지탱하기 위해서 52만 세제곱미터의 콘크리트와 8만 톤가량의 철근이 필요하다. 해안가 지반임을 감안하여 60미터(지하 12층 깊이) 이상 지하로 내려가 기초를 고정해야 한다. 산이 없는 사막지형이라 맑은 날엔 수백 킬로미터 떨어진 지역에서도 타워가 보인다. 그야말로 현대판 바벨탑이라고 할 수 있겠다. 최고 높이를 가리는 경쟁지는 공교롭게 모두 사막이다. 20세기 초 뉴욕에서 출발한 초고층 빌딩은 본질적으로 도시의 좁고 비싼 땅을 효율적으로 활용하기 위한 것이었다. 그런데 최근 경쟁은 높이 그 자체에 대한 욕망과 축적된 자본을 과시하려는 대외적 홍보 효과에 집중되는 것 같다. 초고층 빌딩을 건설하는 일은 적게는 수만 명, 많게는 수십만 명의 삶과 연결되는 일이다. 하나의 도시를 건설하는 마음으로 접근해야 한다. 복잡하고 까다로운 구조설계와 다양한 공간들을 적절하게 배분하고 연결하는 건축적 해결이 필요하며 유동인구 분석에 따라 외부 교통 상황까지 반영하는 포괄적 계획이 선행되어야 한다. 테러로 무너진 월드트레이드센터는 2001년 사고 당시 상주 인구 5만 명, 일 유동인구는 15만 명에 달했다. 당시 CNN을 통해 전세계에 생중계된 파괴 장면에 우리가 경악했던 이유는, 그것이 하나의 도시가 사라지는 광경과 다름 없었기 때문이다.

잠실과 삼성동의 지척에 건설된 500미터 이상의 초고층 빌딩은 앞으로 강남뿐 아니라 서울 전체 스카이라인을 좌우하는 중요한 랜드마크로 발돋움할 것이다. 반대 여론과 갖가지 논란, 잠재적 리스크에도 불구하고 사업 허가를 내준 정부는 초고층 빌딩이 국가 이미지 향상과 돌파구가 필요한 국가 경제에 도움이 되리라는 판단을 했다. 20세기 초 마천루 시대를 연 미국이 그랬듯이, 초고층 빌딩 건설 목적은 자본과 기술력 과시를 통해 부가 이익을 도모하는 데 있다. 결국엔 자본 창출을 위해 도시의 생활 환경에 물리적인 큰 자극을 주어 새로운 국면을 만들려는 충격 요법인 것이다. 세계 경제의 큰 축으로 성장했지만 불안이 가중되고 있는 최근의 중국과 유가 하락으로 고전 중인 중동의 오일 강국이 주도하는 현재의 마천루 경쟁은 그래서 뭔가 석연치 않은 뒷맛을 남긴다. 수십 년간 국가 경제에 큰 기여를 했던 대기업들이 주도하는 우리의 마천루 경쟁을 약간 걱정 어린 시선으로 바라보게 되는 것도 바로 이런 이유다.

초고층 빌딩은 우리 시대의 불안과 걱정, 도전과 희망이 뒤섞여 있는 종합적 문화유산이다. 우리 사회가 추구하는 가치가 무엇인지, 건축물이 그것을 투영하는 거울이 된다는 얘기다. 어떤 경우에도 건축물의 주인은 사람이다. 경관을 지배하는 압도적 풍경에 집착하여 사람을 불편하게 만드는 건축물은 어느 시대에든 환영받지 못했다. 최고의 높이와 그것을 이루려는 기술과 아이디어 역시 결국은 사람에게 이로울 때 의미가 있는 것일 테니까. 변변한 초고층 빌딩 하나 없이도 충분히 가치를 인정받는 예술적인 유럽의 도시들을 떠올려본다. 그런 역사적 도시들은 작고 소박한 옛날 건물들로 가득 차 있지만, 최첨단 빌딩이 즐비한 여타 도시와 비교해도 결코 작거나 초라하게 느껴지지 않는다. 도시의 진정한 힘이 물리적 크기에서 비롯되지 않음을 우리는 이미 알고 있다.

건축이
건네는
말

© 최준석 2016

초판 인쇄 ㅣ 2016년 10월 12일
초판 발행 ㅣ 2016년 10월 19일

지 은 이 ㅣ 최준석
펴 낸 이 ㅣ 정민영
책임편집 ㅣ 임윤정 김정희
디 자 인 ㅣ 이현정
마 케 팅 ㅣ 이숙재
제 작 처 ㅣ 한영문화사

펴 낸 곳 ㅣ (주)아트북스
출판등록 ㅣ 2001년 5월 18일 제406-2003-057호
주   소 ㅣ 10881 경기도 파주시 회동길 210
대표전화 ㅣ 031-955-8888
문의전화 ㅣ 031-955-7977(편집부) 031-955-3578(마케팅)
팩   스 ㅣ 031-955-8855
전자우편 ㅣ artbooks21@naver.com
페이스북 ㅣ www.facebook.com/artbooks.pub

ISBN   978-89-6196-273-5 03610